Rotraud A. Perner

Die Überwindung der Ich-Sucht

Rotraud A. Perner

Die Überwindung der Ich-Sucht

Sozialkompetenz und Salutogenese

StudienVerlag
Innsbruck
Wien
Bozen

Die Drucklegung dieses Werkes wurde freundlicherweise unterstützt durch das Bundesministerium für Wissenschaft und Forschung in Wien, das Land Niederösterreich und die Magistratsabteilung 7 – Wissenschafts- und Forschungsförderung – der Stadt Wien.

© 2009 by Studienverlag Ges.m.b.H., Erlerstraße 10, A–6020 Innsbruck
E-Mail: order@studienverlag.at
Internet: www.studienverlag.at

Buchgestaltung nach Entwürfen von Kurt Höretzeder
Satz: StudienVerlag/Walter Methlagl
Umschlag: StudienVerlag/Vanessa Sonnewend

Gedruckt auf umweltfreundlichem, chlor- und säurefrei gebleichtem Papier.

Bibliografische Information Der Deutschen Bibliothek
Die Deutsche Bibliothek verzeichnet diese Publikation in der Deutschen Nationalbibliografie; detaillierte bibliografische Daten sind im Internet über <http://dnb.ddb.de> abrufbar.

ISBN 978-3-7065-4720-8

Alle Rechte vorbehalten. Kein Teil des Werkes darf in irgendeiner Form (Druck, Fotokopie, Mikrofilm oder in einem anderen Verfahren) ohne schriftliche Genehmigung des Verlages reproduziert oder unter Verwendung elektronischer Systeme verarbeitet, vervielfältigt oder verbreitet werden.

Inhalt

Sozialkompetenz als Ware   7

Soziale Inkompetenz als Überlebenstechnik   39

Soziale Inkompetenz als Selbstheilungsversuch   77

Soziale Inkompetenz als Machtmissbrauch   113

Sozialkompetenz als Haltung   155

Literatur   191

Sämtliche Angaben in diesem Fachbuch erfolgen trotz sorgfältiger Bearbeitung und Kontrolle ohne Gewähr. Eine Haftung der Autorin oder des Verlags aus dem Inhalt dieses Werks ist ausgeschlossen.

*„Doch die Erfahrung lehrt, dass man mit dem Werkzeug des
Verstehens imstande ist, neue Möglichkeiten zu ersinnen,
Probleme anzugehen und oftmals auch zu lösen."*
Deborah TANNEN[1]

Sozialkompetenz als Ware

Manipulation durch Worte

Sozialkompetenz wird vielfach als eine erlernbare Fähigkeit
definiert, die man anwenden kann oder auch nicht; sie wird
zunehmend in Anforderungsprofilen angeführt und rangiert
damit unter vorausgesetztem Wissen und Können – quasi als
Fertigkeit und Form von abrufbarem Verhalten in sozialen
Beziehungen, vornehmlich solchen in der Arbeitswelt.

So erklärten mir StudentInnen des Fernlehrgangs „Social
Management" an der Donau Universität Krems auf meine Frage,
was sie in den drei Präsenztagen zu diesem Thema an Zugewinn erwerben wollten, übereinstimmend: sich so verhalten zu
können, dass es keine Widerstände von MitarbeiterInnen mehr
gäbe. Und in einem Nachfolgelehrgang pointierte ein Teilnehmer ironisch: „Mich durchzusetzen ohne mit dem Strafgesetz
in Konflikt zu kommen."

Diese Zielperspektiven zählen für mich nicht zur Sozialkompetenz, ganz im Gegenteil, sondern enttarnen Wünsche
nach Perfektionierung von Manipulationsmethoden.

Aus diesem Blickwinkel betrachtet, erklärt sich, weshalb
in Trainingsangeboten unter dem Übertitel „Persönlichkeitsbildung" üblicherweise neben „Methodenkompetenz" und
„psychischer Kompetenz" – und neuerdings auch „Machtkompetenz", was auch immer für Begehrlichkeiten damit ausgelöst
werden sollen – auch „Sozialkompetenz" offeriert wird.

---

1   D. TANNEN, „Job-Talk", S. 341

Je unsicherer die Arbeitsplätze werden, und je unsicherer das Selbstvertrauen wird, im Konkurrenzkampf überleben zu können, desto mehr versuchen vorausblickende Menschen all das zu erweitern, was sich mit dem Begriff Kompetenz verknüpfen lässt – egal, ob dieses Streben einer kritischen Realitätsprüfung Stand hält: sie konsumieren gymnastische, kosmetische und chirurgische Dienstleistungen, um die Zeichen des Alters (und damit ihres Lebensstils) zu verbergen, die sie gegenüber jüngeren, unverbrauchteren MitbewerberInnen benachteiligen könnten; sie verbringen die Zeit, die eigentlich der Regeneration der Arbeitskraft und der Pflege zwischenmenschlicher Beziehungen mit geliebten Personen dienen sollte, mit „Networking"; und sie versuchen, immer noch kompetenter zu werden bzw. zu „scheinen". Die Absolvierung einer Schulung in Sozialkompetenz klingt gut und schenkt einen „Schein" (im Doppelsinn des Wortes). Ihre Angst vor Unterlegenheit werden sie damit aber nicht loswerden – und selbstgerechte Überlegenheitsfantasien auch nicht.

Das Wort „Kompetenz" ist mehrdeutig. Im juristischen Sprachgebrauch bedeutet es „Zuständigkeit". So werden etwa nach jeder Wahl die einzelnen Verwaltungskompetenzen auf Ressorts aufgeteilt – oft recht willkürlich. So erinnere ich mich noch gut aus meiner Zeit als Kommunalpolitikerin[2], wie es im Wiener Landtag (der gleichzeitig auch Gemeinderat ist, da Wien ja sowohl Bundeshauptstadt als auch eines der neun österreichischen Bundesländer ist) immer Verteilungskämpfe gab, welcher Stadtrat (Landesminister) die Kompetenzen der Öffentlichkeitsarbeit und des Pressedienstes zugeordnet bekommen sollte, denn das bedeutete Kontakt zu den Medienleuten und nährte Machtfantasien, man könne sich damit eine „gute Presse" erkaufen. Zu dieser Verwaltungsaufgabe gehörte immer-

---

2   Wenn ich von intimen Gesprächen oder Erfahrungen mit konkreten Menschen aus meinem beruflichen oder privaten Umfeld berichte, tue ich dies mit deren Zitier-Erlaubnis, aber unter Verschweigen von Details, die anderen als den ZeugInnen der Geschehnisse zeitliche, räumliche oder personelle Zuordnung ermöglichen. Handelt es sich hingegen um meine Interpretationen, weise ich dies konkret aus.

hin auch die Presseförderung und damit Verfügungsmacht über nicht unerhebliche Budgetmittel. Üblicherweise bekommt diese Zuständigkeit daher immer das Regierungsmitglied, das das größte Vertrauen der Person besitzt, die das Bürgermeister- (Ministerpräsidenten-) oder Bundeskanzleramt innehat.

Kompetenz wird aber auch Experten „zugesprochen", generell – nicht nur bei einer konkreten Beauftragung. Wen wundert es dann, wenn dieser öffentliche „Zuspruch" als quasi Wettbewerbsvorteil oder auch lebenslanger Lorbeerkranz, auf dem man sich gut ausruhen kann, hoch begehrt ist? Und wenn sich sogleich ein „Markt" für die Zertifizierung solcher Ehrenverleihungen etabliert?

Wen wundert es aber auch, wenn im Gegenzug kritisiert wird, dass sich „Ausbildungseinrichtungen unterschiedlicher Ebenen" vor die Aufgabe gestellt sehen, Zitat: „ihre Absolventen nicht nur fachlich, sondern auch im Hinblick auf ‚Sozialkompetenz' zu qualifizieren. Wie diese Forderung lehrplanmäßig und didaktisch umzusetzen ist, bleibt vorläufig unklar"?[3]

Der Erwerb von „sozialen Kompetenzen", so heißt es im zitierten Text weiter, werde mit der Notwendigkeit umschrieben, gelernt zu haben, im Berufsleben mit anderen Menschen, besonders KollegInnen und KlientInnen, umzugehen und mit ihnen auszukommen. Im weiteren Verlauf wird auch ein Unternehmensberater zitiert, der die „egoistische Karriereorientierung der heutigen Studierenden" bemängelt, welche dazu führe, dass häufig „die einfachsten Grundsätze des Sozialverhaltens fehlten und die Fähigkeit, andere Meinungen gelten zu lassen und eigene Forderungen auch einmal zurückzustellen, unterentwickelt sei". Mit anderen Worten könnte dieser Mangel als Fehlen von Respekt, Wertschätzung und Toleranz gegenüber anderen bezeichnet werden; diese Eigenschaften stehen aber keinesfalls im Widerspruch zu einer egoistischen Karriereorientierung, ganz im Gegenteil: gestützt von Respekt, Wertschätzung und Toleranz werden Karrieren eher erfolgreicher sein.

---

3   http://paedpsych.jk.uni-linz.ac.at/PAEDPSYCH/SOZI...

Der Begriff Sozialkompetenz suggeriert mehr oder weniger Meisterschaft gegenüber sozialer Inkompetenz, die sich dadurch als Mangel, Minderwertigkeit, ja sogar Gefahr und womöglich Schadensursache darstellt.

Versuchte Angstbewältigung?

Es drängt sich wohl die Vermutung auf, dass sich hinter der Forderung nach bzw. dem Bildungsangebot Sozialkompetenz zweierlei Ziele verbergen, Ängste zu bewältigen:
- einerseits die mehr oder weniger berechtigte individuelle Angst[4], im Konkurrenzkampf gegen so genannte „skrupellose KarrieristInnen" bzw. deren Mäzene zu unterliegen oder gemobbt, isoliert, ausgegrenzt oder auch sozial vernichtet zu werden,
- andererseits die unternehmerische Sorge, dass Aufmerksamkeit und Energie, die dem Unternehmenszweck zugute kommen sollten, in unnötigen, d. h. nicht den Unternehmenszielen dienlichen zwischenmenschlichen Konflikten vergeudet wird – ein Kostenfaktor und eine Ursache für Imageschäden.[5] So meint die Gründerin und Geschäftsführerin von Eutonia, Silvia SCHLAGER, im Interview mit dem österreichischen Wochenmagazin Format, in Unternehmen ohne ausgeprägte Wertekultur seien Mitarbeiter 20 % ihrer Arbeitszeit durch derartigen Kleinkrieg von ihrer eigentlichen Arbeit abgelenkt: „Ich bezeichne das als 5:4-Effekt: Bei fünf Mitarbeitern muss ein Unternehmen also jeden Monat ein ganzes Gehalt als Belohnung für destruktives Verhalten zahlen."[6] Dementsprechend beziffern sich beispielsweise

---

4   Dabei ist zu unterscheiden zwischen Realangst – etwa wenn Rationalisierungsmaßnahmen geplant sind – und „neurotischer" Angst, bei welcher Emotionen aus vergangenen in gegenwärtigen Situationen wieder erlebt werden.
5   Beides trifft nicht nur auf Berufssituationen zu, sondern ebenso auf andere Paar- und Gruppenbeziehungen.

auch Kostenschätzungen von Mobbingprozessen laut Deutschem Gewerkschaftsbund in Bereichen von 103,- bis 410,- € pro Tag (Fehltag) und es werden für Deutschland jährliche Gesamtkosten von 43 bis 75 Milliarden € kolportiert[7]; darüber hinaus sind alle Betriebsangehörigen auch Werbeträger mit dem, was sie im Familien- und Freundeskreis über „ihre" Firma erzählen. So mahnte Georg-Volkmar ZEDTWITZ-ARNIM (1925-1993) bereits 1981 in seinem PR-Klassiker „Tu Gutes und rede darüber": „Die Belegschaft trägt ihr Unternehmen. Die Belegschaft wirkt eminent meinungsbildend."[8] Aber nicht nur die Aktiven – ebenso jede Person, die aus der Firma ausgeschieden ist, jede, die zuliefert, jede Kundschaft, einfach alle, die sich „in Beziehung" setzen, sind unbezahlte Werbeträger, denn sie können und werden gut oder eben auch übel nachreden.

In uns allen lebt die Urangst, die auf der Ohnmacht des Babys basiert, das auf dem Rücken liegend nur schreien und zappeln kann, wenn sein physisches oder psychisches Versorgungsniveau absinkt. Wenn sich „von oben" jemand zu ihm niederbeugt, es auch aufhebt und eventuell an sich drückt, verankert sich dieses leibseelische Erleben: „Alles Gute kommt von oben". Die Pflegeperson als „deus ex machina", als allmächtige Kraft, die schon darauf schauen wird, dass es einem gut geht. Urvertrauen wird diese Erwartungshaltung genannt, und wenn es nicht entwickelt

---

6   Im selben Artikel („Mobbing ist Wertevernichter", Format 39/08) wird die Beratergruppe Neuwaldegg zitiert, die für den einzelnen Mobbing-Fall einen Schaden von 25.000-30.000,- € errechnet und auch auf eine IMAS-Umfrage hingewiesen, wonach in 40 % der österreichischen Büros gemobbt wird, in Wien sogar an 63 % der Arbeitsplätze. (Format, 26. 9. 2008) Ich kann diese Angaben auf Grund meiner Erfahrungen in Einzelberatung, Supervision und Firmenseminaren als durchaus glaubhaft bestätigen. Die Obfrau des forums wirtschaftsmediation, Gudrun JANACH-WOLF meint sogar, dass ein Mobbingfall ein Unternehmen bis zu 43.000,- € kosten kann (Salzburger Nachrichten, 2. 10. 2008, S. 15).
7   http://blog.mobbing-gegner.de
8   G.-V. Graf ZEDTWITZ-ARNIM, „Tu Gutes und rede darüber", S. 88 ff.

werden konnte, breitet sich an seiner Stelle Urmisstrauen aus; dieses kann durch Lebenserfahrungen von Ignoriertwerden, Vernachlässigung, Demütigung, Missbrauch und was es sonst noch an Gewalttätigkeiten gibt, „eingefleischt" werden.

Dieses kindliche Vertrauen oder Misstrauen, es gäbe „oben" jemand Kompetenteren oder – derart getarnt – Machtsüchtigen, behindert vielfach Durchblick und Realitätssicht und damit auch das rechte Maß von sozialer Anpassung (im Sinne des DARWINschen „survival of the fittest").

Was beim Kleinkind noch triebgesteuerte Suche nach Befriedigung elementarer Bedürfnisse ist, wächst sich mit zunehmendem Bewusstsein zu verfestigten Verhaltensweisen aus – zu dem, was wir Charakter nennen und positiv oder negativ bewerten, je nachdem, ob uns das jeweilige Verhalten angenehm oder unangenehm ist[9]. Im letzteren Fall setzen wir dabei meist die zeitliche Markierung dort, wo unsere Unlustgefühle einsetzen und bedenken nicht, welchen Anteil wir an der Entwicklung der Paar- oder Gruppendynamik hatten, geschweige denn interessiert, was „vor unserer Zeit" geschehen ist – außer in Psychotherapien oder Gerichtsverfahren. Oder in sadomasochistischen Paarbeziehungen, wenn in der Vergangenheit nach Schmerzauslösern gewühlt und Tribunal[10] gespielt wird.

„Sozial" als Marke

Auch das Wort „sozial" kann verschiedentlich interpretiert werden: prinzipiell deutet es auf ein „gesellschaftliches" Phänomen hin (wie in „Sozialgeschichte"); erst in zweiter Linie umfasst es Ideologien und Leistungen der Solidargemeinschaft an ihre schwächeren Mitglieder (wie etwa in „Sozialamt").
Sozialkompetenz kann dementsprechend entweder
- als innerbetriebliche oder kommunale Zuständigkeit für

---

9 Vgl. A. FUCHS, „Mein Charakter ist nicht mein Schicksal"
10 Vgl. E. BERNE, „Spiele der Erwachsenen", S. 120

"soziale" Anliegen – und darunter wieder gesamtgesellschaftliche oder minderheitsspezifische – interpretiert werden, oder
- als qualifiziertes Sozialverhalten (Verhalten im Umgang mit anderen)
- oder, so wie ich sie verstehe, als geistiger Erkenntnisweg, der Sensibilität und Achtsamkeit bezüglich kollektiver wie individueller gesellschaftlicher Geschehnisse nach sich zieht. Für mich ist Sozialkompetenz daher primär eine Geisteshaltung.
- Als wahrnehmbare Fähigkeit hingegen definiere ich Sozialkompetenz als
  · mehrperspektivisches Wahrnehmen,
  · Entschlüsseln und Verstehen sowie
  · bewusstes Agieren bzw. Reagieren auf interpersonelle wie auch kollektive, aber auch globale soziale Phänomene mit Spannungscharakter.

Dort wo es sich alle – Betonung auf alle! – spannungsfrei kuschelig-gemütlich eingerichtet haben und wie rundum gesättigte Babies im sozialen Gitterbettchen Geborgenheit erleben, braucht es keine Sozialkompetenz – höchstens wiederholt eine Abmagerungskur. Dass allerdings diese Sehnsucht nach einem Schlaraffenland vielleicht für manche eine gelegentliche Wunschfantasie darstellt, sicher aber keine angstfreie Realität und überdies Unterforderung und damit Gesundheitsgefährdung bedeutet, wissen wir wohl alle. Außerdem werden durch satte Trägheit die Wahrnehmungsfähigkeit und damit das Potenzial eingeschränkt, und auch das ist kein „gesunder" Zustand.

Sozialkompetenz heißt für mich vor allem, soziale Spannungen, Ungerechtigkeiten und damit Machtbestrebungen bei sich selbst wie bei anderen wahrzunehmen und in der Folge anders, salutogener, das bedeutet: gesundheitsfördernder damit umgehen zu können als mittels Täuschung, Manipulation, Gewalt oder auch nur Zynismus. In all diesen Fällen verliert nämlich nicht nur das jeweilige Gegenüber, sondern auch man selbst Energie, die man sinnvoller, vor allem aber auch lustvoller einsetzen könnte. Das heißt für mich aber nicht, quasi in angepeilter

Selbstheiligung den Gutmenschen zu mimen. Es heißt für mich, den Wutmenschen in sich wie auch in anderen und die daraus resultierenden Vernichtungsgefahren zu erkennen und mehrere antizipierende Verhaltensalternativen zu beherrschen.

Wenn nun aber immer öfter die schriftliche Bestätigung, eine Lehrveranstaltung namens Sozialkompetenz absolviert zu haben, die „Marke ICH®"[11] diesbezüglich auffetten soll, so bewahrheitet sich in dieser „Markierung" nur die nüchterne Diagnose der Zeitkrankheit Narzissmus, die sich unter anderem darin äußert, dass man sich durch Hyperrationalität einerseits bei gleichzeitiger Suche nach konsumierbarer „Sensitivity"[12] andererseits vor unangenehmen Konfrontationen, vor Rivalität, Ablehnung und sonstigen Versagenserlebnissen schützen möchte. Es würde die versuchte Kontrolle der Selbstinszenierung stören.

Deswegen halte ich auch wenig von Ratgeberliteratur der Art, frustrierten Arbeitnehmern, vorzugsweise weiblichen, vorzuspiegeln, sie müssten nur ausreichend „böse", d. h. aggressiv fordernd, sein, dann kämen sie überall hin[13], oder unerfahrenen Aufstiegswilligen zu suggerieren, im Business Krieg müssten sie nur eine vollgefüllte Waffenkammer besitzen und den richtigen Dress Code einhalten, dann wäre ihnen der ersehnte Erfolg sicher[14]. Dieses „in den Krieg schicken" bildet bloß das Gegenmodell zu den alten Verhaltensanleitungen von Bravsein zwecks Hoffnung auf Belohnung bzw. Angst vor Strafe und zeigt deutlich, dass den jeweiligen RatgeberInnen vor allem daran liegt, ihrer unzufriedenen Leserschaft oder auch Klientel eine Rechtfertigung für Rücksichtslosigkeit oder gelegentliche Triebdurchbrüche zu bieten. Dies sagt mehr über die Geisteshaltung der jeweiligen selbsternannten ExpertInnen aus als über die Beeinflussbarkeit beruflicher wie privater Realitäten. Diese

---

11 Vgl. C. SEIDL/W. BEUTELMEYER, „Die Marke ICH(R)"
12 C. LASCH, „Das Zeitalter des Narzissmus", S.346
13 Vgl. U. ERHARDT, „Gute Mädchen kommen in den Himmel, böse überall hin"
14 C. BAUER-JELINEK, „Business Krieger"

beurteilen zu können, würde ja auch voraussetzen, selbst in diesen Berufsfeldern erfolgreich reüssiert zu haben.

„Sozial" als Inhalt

Unter Sozialkompetenz verstehe ich daher nicht bloß die üblichen standardisierten Fertigkeiten zur Einschätzung sozialer Situationen[15], grundlegende Kommunikationstechniken[16], Methoden des Konfliktmanagements[17] oder Praxisanleitungen aus Führungstheorien[18], wie sie in der einschlägigen Literatur[19] und in deren Nachfolge am Trainingsmarkt immer wieder als Durchsetzungshilfen angeboten werden, sondern zusätzlich
- einerseits soziologisches Basiswissen und
- andererseits eine grundsätzliche Haltung – Geistes- wie Körperhaltung – und damit eine Eigenschaft des Charakters, nämlich die sinnhafte Kontrolle eigener Selbsterhöhungstendenzen und deren Umwandlung in bewusst gesteuerte und humanisierte Aktivität. Diese muss aber erst als Verhaltensoption erworben werden. Sie ist nicht angeboren, sondern eine Kulturleistung.

Mit der Begriffsbildung Sozialkompetenz wird aber auch suggeriert, es gäbe soziale Inkompetenz. Und die gibt es, keine Frage. Sie kann als noch unentwickelte Form, seinen Platz in der Welt zu erobern und zu behaupten, verstanden, aber auch propagiert und verteidigt werden – je nachdem, wie wenig Motivation jemand besitzt, das eigene Sozialpotenzial zu entfalten. In diesem Sinn zeigt sich soziale Inkompetenz auch als verzweifelter

---

15 Vgl. P./B. BARRON TIEGER, „Personality Reading – Menschen und Situationen schnell erkennen und richtig darauf reagieren"
16 Vgl. U. MANHART, „Höre – rede – siege!"
17 Vgl. H. KELLNER, „Konflikte verstehen, verhindern, lösen"
18 Vgl. R. LAY, „Führen durch das Wort"
19 Vgl. H. PAMMER/A. HUEMER, „Soziale Kompetenzen für Praktiker"

Versuch, sich selbst zu bestätigen im Sinne von „Ich bin doch O.K.? Und deswegen bleibe ich so wie ich nun mal bin!"
Andere Formen zu kreieren braucht Vorbilder, Übungsmöglichkeiten und – Erfolg. Genau dieser Erfolg hängt aber von der Kultur oder Subkultur ab, in der man sich heimisch fühlt oder der man zugehören möchte. Das birgt Konfliktpotenzial: denn oft ist ein Verhalten in der Subkultur der Bezugsgruppe hoch angesehen, in der generellen Kultur der Region, in der man lebt, aber verpönt[20].

Eltern pubertierender Kinder kennen diese Diskrepanz ebenso wie Ehefrauen von Jägern (Schürzenjäger mit inbegriffen), Ehemänner von feministisch engagierten Frauen oder einfach nur Angehörige, deren Generationenzugehörigkeit weiter auseinander liegt als in der unmittelbaren Aufeinanderfolge: sie alle sind mit dem Aufeinanderprall unterschiedlicher Werthaltungen konfrontiert. Häufig will dann jede/r nur seine/ihre Weltsicht als einzig richtige gelten lassen ... so wie er oder sie in seiner Sozialisation auf nur eine Wahrheit eingeschworen wurde, im Sinne von: Du sollst keine anderen Götter haben neben mir ...

Das alles erklärt aber auch, weshalb sich so viele Menschen a priori für sozial kompetent halten und selbst die zarteste Infragestellung ihrer Verhaltensweisen (bis zum Mobbing der Fragenden) abwehren: wer will sich schon sagen lassen, er oder sie wäre sozial nicht kompetent? Und dies ganz besonders, wenn man vielleicht ein Diplom aus einem Sozialberuf besitzt?

---

20 Und das oft zu Recht: so wird die immer wieder geäußerte Kritik an der Psychoanalyse verständlich, wenn man sie jenseits des Lebenswerks von Sigmund FREUD und dem Schrifttum vieler seiner NachfolgerInnen als Protest gegen überhebliches – sozial inkompetentes – Alltagsverhalten mancher PsychoanalytikerInnen außerhalb des psychotherapeutischen Settings versteht. Schon Karl KRAUS formulierte, „Psychoanalyse ist ein Racheakt, durch den die Inferiorität sich Haltung, wenn nicht Überlegenheit verschafft und die Disharmonie aufs gleiche zu kommen sucht". (K. KRAUS, „Nachts", S. 43)

Wege aus der sozialen Gewalt

Dabei ist aber ein wesentlicher Bestandteil von sozialer Kompetenz, auf Abwehrhaltungen verzichten zu können. Das gehört zur gewaltverzichtenden Konfliktfähigkeit. Üblich ist jedoch, Konflikte mittels Gewalt zu lösen.
Gewalt hat viele Gesichter –
- nicht nur physische Gewalt. Diese besteht ja nicht nur in körperlichen Misshandlungen, sondern auch beispielsweise in der Unterbringung in Arbeitsräumen, die gesundheitsschädlich sind, ja auch im Verbot, sich den Arbeitsplatz „gemütlich", d. h. die seelische Gesundheit fördernd, zu gestalten. So habe ich bereits in mehreren meiner Seminare zur Salutogenese[21] von einigen ArbeitsmedizinerInnen unabhängig voneinander zu hören bekommen, dass in ihren Betrieben das Aufstellen von Pflanzen oder auch Familienfotos untersagt sei, weil dies das „corporate design" zerstöre. Dass damit aber auch den MitarbeiterInnen ein „Licht-Blick" als Schnellintervention gegen Energieverlust verwehrt wird, wird leider nicht bedacht.
- Psychische Gewalt besteht in Attacken auf die Selbstbestimmung und damit das Selbstwertgefühl als mündiger Mensch, der Respekt und Rücksichtnahme verdient – oder auch nur als erwachsener Mensch gesehen wird, dem man „die Wahrheit zumuten" kann[22] – und den man beispielsweise übergeht und sich bei „übergeordneten" beschwert statt ihn selbst mit Kritik zu konfrontieren. Berechtigter Kritik! Denn unberechtigte sollte im Filter der eigenen Gewissensprüfung hängen bleiben. Eine Sonderform, die viel zu wenig beachtet wird, ist dabei die
- mentale Gewalt: sie besteht darin, jemandem seine Wahr-

---

21 Der von dem israelisch-amerikanischen Medizinsoziologen Aaron ANTONOVSKY geprägte Neologismus kann als Entstehung wie auch Erhaltung von Gesundheit interpretiert werden.
22 Vgl. den Satz von Ingeborg BACHMANN, „Die Wahrheit ist dem Menschen zumutbar".

nehmung aus- und eine andere „Wahrheit" einzureden. Als Gehirnwäsche wird sie den Foltermethoden zugezählt, als Gleichschaltungspraktik in Sekten kritisiert – aber auch etliche der so genannten Mentaltrainings unterscheiden sich nur graduell von diesem unfreiwilligen Verändern der Denkmuster und Glaubenssätze (von manchen Politschulungen ganz zu schweigen!).

- Bei der verbalen wie auch der sexuellen Gewalt sind sowohl Psyche wie auch Physis betroffen: denn nicht nur, dass Sicherheit und Selbstverständnis und oft auch noch die Identität schwer verletzt wird, werden jedenfalls massive Stresshormonausschüttungen verursacht, die oft jahrelang im Bindegewebe eingespeichert Blockaden, Vermeidungsverhalten, ja sogar Phobien bewirken können. Die jüngere computergestützte Gehirnforschung konnte sogar Genveränderungen nachweisen[23]. Dabei sollte nicht nur an das Kapitalverbrechen der Vergewaltigung gedacht werden, sondern auch an die „minder schweren" Übergriffe wie die als „Balzverhalten" verharmlosten Formen sexueller Belästigung, die oft nur der Einschüchterung dienen oder dem Vernichten von Selbstbehauptung.[24] Was als Trauma erfahren wird, hängt sowohl von der Reizüberflutung als auch dem Repertoire UND der Realisationsmöglichkeit von Gegenstrategien ab. Gerade bei Delikten gegen die sexuelle Selbstbestimmung wird aber genau diesem Rechtsgut Respekt verweigert.
- Was leider auch vielfach nicht als Gewalt erkannt wird, ist die Form der finanziellen Gewalt. Sie besteht im Vorenthalten

---

23 J. BAUER, „Das Gedächtnis des Körpers", S. 21 ff.
24 Eine Sonderform dieser Gewalt kann man immer wieder bei Buchrezensionen beobachten: da gefallen sich fachlich inkompetente Personen in spöttischer Herabsetzung des Gedankenwerks anderer bei gleichzeitiger Selbsterhöhung. Gut beobachten konnte man das bei dem Buch „Warum wir an das Schicksal glauben" der Religionssoziologin Aloisia KOPP, das von katholischen TheologInnen vernichtend kritisiert wurde. Verständlich – KOPPs Anliegen ist nicht die Verteidigung von deren Berufssicht, sondern das Nebeneinanderstellen dieser Lehren mit anthroposophischen aber

berechtigter finanzieller Zuwendungen. Bekannt als Strategie, einkommenslose Ehefrauen (oder Kinder) oder auch Bewohner in Heimen oder heimähnlichen Institutionen in Abhängigkeit zu halten bzw. zu „disziplinieren", findet man sie auch bei Subventionsvergaben oder Budgetaufteilungen. Ich kenne sie aber auch beispielsweise aus einem großen Verwaltungskörper, in dem ein männlicher Antidiskriminierungsbeauftragter, ein Mehrfachakademiker, weniger verdient als seine minder qualifizierte weibliche Kollegin, und dem auf seine Nachfrage nach Begründung die zuständige Führungskraft (weiblich) kaltschnäuzig antwortete, „Bei der war es mir eben wichtig!".

- Bekannter hingegen ist die strukturelle Gewalt: entsprechend der Gewaltdefinition des norwegischen Friedensforschers und Trägers des Alternativen Nobelpreises, Johan GALTUNG, nämlich als „feindseligen Akt, der das Potenzial der Betroffenen schädigt", gilt es, die dahinter liegende Feindseligkeit zu erkennen, wenn beispielsweise in Gesetzen ein Geschlecht gegenüber dem anderen diskriminiert wird, oder die Arbeitszeiten so geregelt werden, dass alleinerziehende Personen mit kleinen Kindern benachteiligt sind, oder wenn es, wie bis in die frühen 1970er Jahre in der Oesterreichischen Nationalbank, ein eigenes – wesentlich geringer angesetztes – Frauengehaltsschema gibt.
- Bleibt noch die soziale Gewalt: die ungerechtfertigte Benachteiligung, Diskriminierung, Ausgrenzung, ja soziale Vernichtung von Einzelpersonen, Paaren, kompletter Familien oder sonstiger Populationen. Sie beginnt oft mit so genannten Scherzen, wächst sich zu übler Nachrede und Verleumdungen

---

auch esoterischen Sichtweisen. Ähnliches ist auch mir schon widerfahren, wenn PsychoanalytikerInnen meinten, manche meiner Publikationen auf psychoanalytische „Treue" (oder Tiefe) abklopfen zu müssen und nicht realisierten, dass ich interdisziplinär gesellschaftskritisch primär in Treue zu meinem (aus lebensgeschichtlichen Gründen nicht abgeschlossenen) postgradualen Soziologiestudium schreibe.

aus und gipfelt in Verhetzung. Bullying in der Schule, Mobbing, Staffing, Bossing im Betrieb wird zwar offen verdammt, insgeheim aber immer wieder geübt, und in Wahlkämpfen sogar verteidigt. So verlautete die deutsche Bundeskanzlerin Angela MERKEL „Im Wahlkampf gibt es keine Tabus" (15. Jänner 2008) und der SPÖ-Wahlkampfleiter Luigi SCHOBER von Young & Rubicam bezeichnete seine Wahlkampfstrategie 2006 sogar als „Napalm. Reines Napalm."

Gewalt taucht immer dort auf, wo eine an Körpergröße, Erfahrung, Wissen, Finanzmacht, Privilegien, Beziehungen oder auch nur Wortschatz mächtigere Person einseitig (und völlig inkorrekt: hinterrücks!) über einen anderen Menschen Verfügungen trifft bzw. treffen soll. Deswegen formuliert die Gesetzgebung ja auch „elterliche Gewalt" oder „Staatsgewalt". Sie bedeutet keineswegs von vornherein Machtmissbrauch. Aber sie öffnet ihm auch Raum.

Soziale Beziehungen gibt es auf drei Strukturebenen:
- Nach oben – zu Vorgesetzten bzw. den von ihnen oder ihren Vorgängern verfassten und vertretenen „Spielregeln", d. h. zu Personen, die das Verhalten ihrer Mitarbeiterschaft durch Weisungs- und Sanktionsrechte bestimmen dürfen
- Zur Kollegenschaft, die sich durch Arbeitsvertrag verpflichtet haben, bestimmte Leistungen bzw. Verhaltensweisen zu erbringen oder zu unterlassen (wobei es egal ist, ob sie in der „Hackordnung" des Betriebes über- oder untergeordnet sind – sie sind KollegInnen).
- Zu Personen, die sich auf das Funktionieren dieser Strukturen verlassen und auch verlassen können sollen – Kunden im weitesten Sinn, nicht nur KäuferInnen von Produkten oder Dienstleistungen in den drei wesentlichen Wirtschaftssektoren (Produktion, Handel, Bereitstellung von Dienstleistungen), sondern vor allem auch BezieherInnen von Angeboten aus den Bildungs-, Gesundheits- und Sozialberufen.
- Ein „nach unten" sollte es meiner Ansicht nach gar nicht geben. Es enttarnt nur eine herrschsüchtige Fürstenmentali-

tät – und die ist nicht gesundheitsstützend, weder für die als „untergeben" definierten KollegInnen noch für die Person, die diesen Mehraufwand an Energie aufbringen muss.

Spielregeln

Juristisch bedeutet „Kompetenz" wie bereits erwähnt Zuständigkeit: wer trägt für welchen Bereich Verantwortung und hat damit auch „verbriefte" Rechte, grobdeutlich formuliert, zu befehlen und allenfalls zu bestrafen. In diesem (traditionellen) Sinn könnte man Sozialkompetenz als Berechtigung verstehen, Spielregeln für Konfliktlösungen zu erlassen und durchzusetzen. Sie läge dann etwa monokratisch bei Personalverantwortlichen; heute sollte diese Form von unkontrollierter Alleinherrschaft durch Mitspracherechte von Personalvertretungen, vor allem aber auch von Gleichbehandlungs- und Antidiskriminierungsbeauftragten abgeschwächt sein.

Blickt man in die Geschichte zurück, zeigt sich, dass Kompetenzen nach militärischem Vorbild gehandhabt wurden – oft verbunden mit dem einschüchternden Kasernenhofton. Hierarchische Überordnung ist aber kein Freibrief für brutales Benehmen – zumindest nicht nach heutigem Verständnis von funktionalen Organisationen. Jemand Angst zu machen, schafft psychisch gebrochene (oder hinterlistige) Unterwürfige – oder, wenn sich der Geängstigte mit dem Angstmacher identifiziert, brutale Schleifer, die im Wiederholungszwang nachahmen, was man ihnen angetan hat. Echten Widerstand schaffen die wenigsten – zumindest dann nicht, wenn sie weder über juristischen und/oder psychologischen Beistand verfügen können.

Dabei ist aber darauf zu achten, dass man nicht von „Rehen"[25] manipuliert wird. Der Psychoanalytiker Sandor FERENCZI

---

25 Vgl. den Roman der Austroamerikanerin Vicki BAUM (1888-1960) „Vor Rehen wird gewarnt" („Danger from Deer") in dem die Antiheldin auf pseudosanfte Art der Schwester den Mann ausspannt, das gemeinsame

(1873-1933) nannte eine ähnliche Machtstrategie den „Terrorismus des Leidens"[26]. Üblich ist etwa, sich bei übergeordneten Vorgesetzten über Direktvorgesetzte zu beschweren, etwa nach dem Motto „Hilf mir, der/die ist so grauslich zu mir!" – ein klassisches Power Play[27]. Und nur viel zu viele ältere Chefitäten lassen sich dann von dem hilflos agierenden „Kind-Weibchen", selten, aber manchmal auch männlich, in die Retterrrolle drängen und verhindern so, dass das selbststilisierte Opfer sich „erwachsen", d. h. sachlich und im Klartext mit dem Konflikt und dem jeweiligen Konfliktpartner auseinandersetzt.

In meiner Praxis als Coach berichten mir vor allem Akademikerinnen in leitenden Funktionen, wie ihnen von ihren Sekretärinnen oder anderen untergeordneten Mitarbeiterinnen – immer Frauen – die Zuarbeit verweigert wird, sowie, dass diese sich dann zum Vorgesetzten beklagen laufen, wenn sie an ihre Dienstpflichten erinnert werden – natürlich nicht immer im freundlichsten Ton. Ich bewerte es als schweren Managementfehler, wenn dann der Chef – von einer Frau habe ich solch etwas noch nie berichten gehört – „begütigend" formuliert (Zitat): „Vertragt Euch!" anstatt konkret nachzufragen, was der Beschwerdeführerin missfallen hat – der Auftrag, die Form oder einfach die Tatsache, einer anderen Frau untergeordnet zu sein. Das ist es nämlich meist: es werden die vorhandenen Ausbildungs- und/oder Erfahrungs-

---

Kind entfremdet und sonst noch nach dem Motto, „ich bekomme immer alles was ich will" alle Menschen im Nahbereich subtil vergewaltigt.
26 S. FERENCZI, „Sprachverwirrung zwischen dem Erwachsenen und dem Kind". In: Schriften zur Psychoanalyse Bd. II, S. 312
27 In der psychotherapeutischen Schule der Transaktionsanalyse werden die Formen, wie Menschen Zeit verbringen können, in Rückzug, Rituale, Zeitvertreib, Aktivitäten, Spiele und Intimität differenziert. Spiele dienen dazu, andere in den Zustand der Verwirrung, Hilflosigkeit, Wut etc. zu versetzen und auf diese Weise selbst mächtiger zu werden (auch durch demonstrierte Hilfsbedürftigkeit). Sie werden in solche ersten, zweiten und dritten Grades unterschieden: im ersten Grad erzählt man seine Erfahrungen noch anderen, im zweiten behält man sie lieber für sich, im dritten folgen Eskalationen, meist mit strafrechtlichen Folgen. Vgl. J. STEWART/V. JOINES, „Die Transaktionsanalyse", S. 336

ungleichheiten, vor allem aber die Arbeitsplatzprofile einfach nicht wahrgenommen! Und der Vorgesetzte ist zu feige – „will nicht weh tun" – um diese Realität ins Gedächtnis zu rufen.

Ich kann mich an einen Supervisionskonflikt erinnern, in dem ein untergeordneter Mann die Aufträge seiner Chefin nicht erfüllte und auf meinen Hinweis und meine Frage hin ganz offen erklärte, er akzeptiere sie einfach nicht als Vorgesetzte, weil er sich für ihren Job qualifizierter erachte. Ich kontere, indem ich ihm antworte, allein diese Aussage und das Einbekenntnis seiner passiven Resistenz disqualifiziere ihn bereits. Allerdings ersparte ich seiner Vorgesetzten auch nicht die Konfrontation mit ihrem zu langen Zuwarten und Dulden dieser Form von Arbeitsverweigerung. Beide Verhaltensweisen demonstrierten beispielhaft soziale Inkompetenz – einerseits der Unfähigkeit, ohne die schützenden bzw. aufdeckenden Rahmenbedingungen einer Supervisionsgruppe vermuteten Konfliktstoff angemessen zur Sprache zu bringen, andererseits die juristischen Spielregeln der Arbeitsbeziehung klar zu legen und ihre Einhaltung einzufordern (und anderenfalls zu sanktionieren).

Aus meiner langjährigen Erfahrung heraus sehe ich die Ursache dafür in der mangelnden Kenntnis und Beherrschung partnerschaftlicher, d. h. auf Devotion wie auch Einschüchterungssprache verzichtender Kommunikation[28]: die eigene Aggressivität ist häufig so stark belastend, dass man fürchtet, sich im Ton zu vergreifen, daher reicht man die Aufgabe weiter – nach unten oder oben, je nachdem, wer dazu am besten einsetzbar, d. h. manipulierbar erscheint, und: meist ist dies eine Person des Gegengeschlechts.

Heute haben wir vielfach Gesetze, die Partnerschaft voraussetzen oder gar vorschreiben – etwa im Familienrecht oder in der Antidiskriminierung – ohne dass der Wille der gesetzgebenden Körperschaften durch Sanktionsmacht abgesichert wäre. Daraus kann die Abkehr vom traditionellen Sieger-Verlierer-

---

28 Literatur dazu wäre z. B. mein Buch „Wort auf Rezept – Gesundheit kommunizieren" oder „Gewaltfreie Kommunikation" von M. B. ROSENBERG

Modell abgeleitet werden und die Hinwendung zu einem Win-Win-Modell, bei dem der Spielraum von Widerruf und Wiedergutmachung feindseliger Aktionen bis hin zu gemeinsamen kreativen Problemlösungen reicht. Voraussetzung dazu ist aber nicht nur ein Repertoire respektvoller, d. h. gewaltverzichtender Kommunikationsformen, sondern vor allem auch Selbsterkenntnis und Integration eigener Schattenanteile. Zu diesen zählen vor allem Vorurteile, Hass- und Rachegefühle sowie andere unredliche Absichten.

Machtspiele

Nun gibt es SkeptikerInnen, die die Effizienz der Win-Win-Strategie als Illusion von „Gutmenschen" abqualifizieren – vermutlich, weil sie zu wenig Erfahrung mit deren Erfolgsträchtigkeit besitzen (wie etwa auch mein Stiefsohn, von Beruf Rechtsanwalt, der seinen Beruf vermutlich unbewusst vor allem wohl auch deswegen gewählt hat, weil er von Kindheit auf mit den mehr oder weniger unfairen Taktiken seiner Eltern rund um seinen Unterhalt aufgewachsen ist). Vor gut zwanzig Jahren war Mediation auch noch kein Begriff innerhalb der österreichischen Rechtslandschaft; heute hingegen wird diese Form der Konfliktbearbeitung vor allem von denjenigen JuristInnen abgelehnt, deren Sinn nach optimalem Gewinn aus einem Rechtsstreit steht und die langdauernde und kostenintensive Gerichtsverfahren nicht scheuen und daher wenig von einsatzsparender Entlastung aller Beteiligten und gegenseitiger guter Nachrede halten. Good Will heißt diese Form von Reputation in der Fachsprache und der Doppelsinn des Wortes trifft genau.

Als ich auf Wunsch des vormaligen Justizministers als Fachfrau mit Doppelqualifikation als sowohl Volljuristin als auch Psychotherapeutin und Lebens- und Sozialberaterin an den Sitzungen zur Aushandlung des nachmaligen Zivilrechts-Mediations-Gesetzes 2003 (in Kraft 2004) teilnahm, erlebte ich hingegen vor allem etliche RechtsanwältInnen, die gleichzeitig auch

MediatorInnen waren, als die sozialkompetenteren, daher kooperativeren und vor allem auch humorvolleren VerhandlerInnen unter den unterschiedlichen BerufsgruppenvertreterInnen. Das Ziel dieser zahlreichen Sitzungen im Justizministerium war vordergründig, auszuhandeln, wie viel Rechtswissen die „Psychos" nachlernen sollten, die darauf bestanden, dass es um den emotionalen Gehalt von Konflikten ginge, und umgekehrt wie viel psychologisches Wissen die JuristInnen erwerben müssten, um einfühlsam erkennen zu können, wo die tatsächlichen Bedürfnisse, Ängste und Hoffnungen der Streitparteien zu orten seien; tatsächlich ging es aber vor allem um den Verzicht auf den Alleinkompetenzanspruch, den jede der beiden gegensätzlichen Berufsgruppen erhoben hatte.

Sogar Christine BAUER-JELINEK, ehemalige Lehrerin, dann Psychotherapeutin und heute als Coach und Buchautorin vor allem durch ihre Konzentration auf das Thema Macht bekannt, unkt entgegen aller mediatorischen oder systemtherapeutischen Erfolgserfahrung Unheil: „Da sie von der Wirksamkeit und Bedeutung der Win-Win-Strategie überzeugt sind, bemühen sich Gutmenschen oft bis zur Erschöpfung um die Interessen der anderen. Weil sie jedoch in einer Gesellschaft, in der Egoismus und Individualismus großgeschrieben werden, im Gegenzug niemand anderer um ihre Interessen kümmert, geht die Rechnung nicht auf. Zunehmend werden Menschen, die eine Konfliktlösung ohne Verlierer als ihr wesentliches Instrument betrachten, selbst zu Verlierern. Sie schaden sich selbst oder werden ausgenützt, weil sie in ihrem Bemühen um die Bedürfnisse anderer ihre eigenen Ziele aus den Augen verlieren. Sie vergessen zu überprüfen, ob die andere Partei ihre Bemühungen erwidert oder überhaupt verdient. Die Reaktionen reichen dann von Hilflosigkeit und Verzweiflung bis zu Aggression und Kontrollverlust. Gutmenschen verstehen die Welt nicht mehr, fühlen sich ungerecht behandelt und zerschlagen in der Überreaktion oft mehr Porzellan, als nötig wäre."[29] Abgesehen von diesem

---

29 C. BAUER-JELINEK, „Die geheimen Spielregeln der Macht und die Illusionen der Gutmenschen", S. 120

sprachlichen Dogmatismus sind ihre Behauptungen und Unterstellungen unwahr. Wahr ist vielmehr, dass die so genannte Win-Win-Strategie, wie sie in unterschiedlichen Ausprägungen in mediatorischen oder sozialtherapeutischen Problemlösungen angewandt wird, nur *eine* Alternative zum Einklagen von Forderungen darstellt; andere sind etwa Widerklagen, Gerichtsvergleiche, Kompromisse oder Tauschgeschäfte, aber auch Täuschungen, Drohungen, Erpressungen und was es sonst noch als strafrechtliche relevante Instrumente zur Willensdurchsetzung gibt. Sie wird gewählt wie jede Strategie, und manchmal passt sie und manchmal nicht.

Verzicht aufs „Kriegen"

Ich habe seit 1975 Mediationen durchgeführt – zu einer Zeit als es bei uns das Wort noch nicht einmal gab; für uns lief diese Form der Konfliktbearbeitung unter dem Namen „psychoanalytische Sozialtherapie", und diese besteht unter anderem darin, emotionalisierte „Schusslinien" zwischen Konfliktparteien durch bewusst an- und ausgesprochenes Wahrnehmen der Interessenlagen *aller* Beteiligten zu weitgehend entemotionalisierten Kommunikationsformen zu wandeln. In hoher Gefühlserregung kann man schwer vernünftig denken – und nur darum geht es. Das Ziel ist keinesfalls, andere dazu zu bringen, eine bestimmte – angeblich gewaltfreie – Spielregel zu akzeptieren. Das wäre ja nur wieder gewalttätig. Sondern es geht darum, mehr Methoden der Konfliktlösung zur Verfügung zu haben als nur die primitive Form des Zweikampfs, egal, ob dieser nun in der mittelalterlichen Form des Gottesurteils, vor einem Tribunal oder wie heute oft in den Medien stattfindet. Welche man wählt, liegt immer bei den taktischen oder strategischen Überlegungen und Erkenntnissen der Streitparteien. So habe ich des Öfteren erlebt, wie bereits in der zweiten Sitzung eines Mediationsprozesses die wahren Motive auf den Tisch gelegt wurden, und die waren meist rein finanzieller Natur und damit einer ökonomischen Regelung zugänglich. Wo aber psychische Störungen oder reine Sturheit vorherrschten (insofern man diese nicht ebenfalls als Charakterneurose diagnostizieren mag), scheitert meist jegliches Bemühen um eine gewaltfreie Problemlösung, denn, wie schon Max FRISCH formulierte, Kommunikation hängt immer vom Wohlwollen des Anderen ab, und im Sinne des Gewaltmonopols des Staates sind dessen Institutionen und Organe und nur diese aufgerufen, Justiz zu üben bzw. allfällige Selbstjustiz zu ahnden.

Wer sich mit Rechtsgeschichte befasst, kann deutlich erkennen, wie sich die „Spielregeln" für Konfliktlösungen im Laufe der Zeit verändert haben bzw. verändert wurden – und das meist nicht gerade gewaltfrei. Wenn man dem rein juristischen den soziologischen Blickwinkel beigesellt, kann man gut erkennen, wo, wann und wie Kriege oder Revolutionen zu solchen rechtlichen Umwälzungen geführt haben und wo diplomatische Bemühungen oder gar präventiv vorausblickende Vernunft wie etwa in den Gesetzesvorhaben JOSEFS II. (1741-1790). Auch das sind wieder Alternativen, die einerseits von Lageeinschätzungen, andererseits mehr noch vom Charakter der Entscheidungsträger abhängen.

Ich habe in der Zeit meines Studiums der Rechtswissenschaften (1962-1966) zwar viel gehört, wann und von wem Gesetze erlassen und wie sie ratifiziert wurden, aber kaum etwas von dem historischen Verlauf von der Gestaltung eines Vorhabens bis hin zur tatsächlichen Gesetzeswerdung. Das habe ich erst in der tatsächlichen politischen Arbeit als Mandatarin (1973-1987) der damaligen Regierungspartei miterlebt. Dort wurden wir nämlich gezielt geschult, auf wie viele unterschiedliche Weisen man ein Gesetzesvorhaben initiieren könne, rhetorische Kunstgriffe inbegriffen. Genau aus diesem Erfahrungsschatz der Mitgestaltung an der so genannten Großen Strafrechtsreform 1975 und kurz darauf der Familienrechtsreform, mit der der Partnerschaftsgedanke die vormalige Vormachtstellung des Mannes als „Haupt der Familie" abgelöst hat, widerspreche ich unwissenden oder pessimistischen Sichtweisen mancher AutorInnen, die nur von ferne die Kulissen der Macht[30] beobachten, sich nie aber in ihnen bewegt oder sie auch mit aufgebaut haben.

Das Wesentliche ist immer der Inhalt – nicht die Form. Das wollen uns nur manche Sozialkompetenz-VerkäuferInnen (mit oder ohne NLP[31]) einreden; rein formale Inszenierungen mögen bei TV-Konfrontationen in Wahlkämpfen manch unentschlossene und politisch ungebildete Wechselwähler beeindrucken, mehr aber noch die Akteure, die hoffen, Applaus zu „kriegen" – in der Arbeitswelt oder im Privatleben sind solche „Applausflöhe"[32] schnell als Scharlatane durchschaut.

BAUER-JELINEK etwa schreibt: „Frauen, die sich im Berufsleben bewähren wollen, scheitern meist nicht an ihrer Kompetenz, sondern an ihrer Art zu kämpfen. Sie setzen sehr wohl zur Lösung von Konflikten ihre Macht ein und kämpfen auch, wenngleich mit anderen Mitteln und aus anderen Gründen wie die Männer. Am Arbeitsplatz nehmen sie oft große Nachteile in Kauf und vermeiden Situationen, in denen sie kämpfen müssten, bloß um ein harmonisches Klima aufrecht zu erhalten. Sie kennen die Spielregeln der Macht nicht, die in ihrem Unternehmen gelten, und sie verstehen meist auch nicht, für welche Ziele es sich dort lohnt zu kämpfen. Meist bleibt ihnen nur die *Macht der Gefühle*, mit der Frauen am Schauplatz *Haus* jahrhundertelang erfolgreich agieren konnten."[33] Das mag auf ihre Klientinnen zutreffen, offenbar Frauen, die von Führungspositionen – oder nur deren Prestige und Einkommen – träumen, nicht aber über die dafür nötigen juristischen, betriebswirtschaftlichen und eben auch hegemonialen Kenntnisse verfügen. BAUER-JELINEK bekennt sich zur Teilung der Welt in vier „Schauplätze der

---

30 C. STEINER, „Macht ohne Ausbeutung", S. 99 ff.
31 Neuro-linguistisches-Programmieren ist eine Methode, die auf Basis wissenschaftlicher Erkenntnisse Kommunikationsmuster und -störungen entschlüsselt und sehr schnell veränderbar macht und sich nicht nur in Kommunikationstrainings, sondern auch in Pädagogik und Psychotherapie, Beratung, Coaching und Supervision bewährt.
32 R. FÖLDY/R. A. PERNER, „Die starken Zweiten", S. 205 ff.
33 C. BAUER-JELINEK, „Die helle und die dunkle Seite der Macht", S. 172

Macht": dem Haus, dem Markt, der Burg und dem Tempel. Ich sehe zwischen den beiden letzten wenig Unterschied, wenn ich an die geschichtlichen Verflechtungen von Kirche und Staat oder auch die „Kreuzzüge" der „Krieger Gottes" denke, daher finde ich Sichtweisen wie die der Linguistikprofessorin der Georgetown University Deborah TANNEN viel präziser, wenn sie auf die gewohnten Vor-Bilder hinweist: „Die Welt des Militärs und die Welt des Sports vermitteln uns Bilder von männlicher Autorität. Die wichtigsten Bilder über die Autorität von Frauen stammen aus der Sphäre der Mutterschaft."[34] Die ersten beiden sind Kriegsbilder, die hinreichend beworben wurden um Männer für den Nahkampf Mann gegen Mann zu begeistern. Heute hat High Tech diese Art archaischer Kriegsführung abgelöst – und gegen Terrorismus hilft sie ohnedies nicht. Was hingegen von Kriegsbegeisterten – männlich wie weiblich – gerne ignoriert wird, ist die lange Tradition der Kunst der Diplomatie. Sie ist halt nicht so spektakulär – und man kann in ihr die eigene Aggressivität nicht so gut ausleben, weder verbal und schon gar nicht nonverbal.

Strategien

Dagegen schreibt BAUER-JELINEK: „Frauen haben zwar theoretisch den Zugang zu allen Bereichen der Gesellschaft erkämpft und bewiesen, dass sie alle Aufgaben inhaltlich ebenso gut bewältigen können wie Männer – doch praktisch kommen sie kaum voran. Die Macht wird nämlich auf den Schauplätzen *Markt und Burg* immer noch als männlich empfunden, und viele Frauen wollen auf den neuen Schauplätzen nicht ‚männlich' agieren. So bemühen sie sich gemäß ihrer jahrtausendelangen Tradition, die Interessenskonflikte auf dem *Markt* oder in der *Burg* nach den Spielregeln des *Hauses* zu lösen. Dazu verwenden sie die ‚weiblichen' Werte wie Fürsorge, Sensibilität und soziale Kompetenz. Bei all den Bemühungen um Gleichberechtigung ist ihnen noch

---

34 D. TANNEN, „Job-Talk", S. 168

nicht bewusst geworden, dass auf den anderen Schauplätzen der Macht andere Wertesysteme gelten als im *Haus*."[35]

Was BAUER-JELINEK nicht weiß, auch nicht wissen kann, weil es noch nirgends nachzulesen ist und sie selbst zu jung war um dabei zu sein, was aber Zeitzeuginnen wie ich miterlebt haben, ist, dass auch im „Haus" bis zur Alleinregierung von Bundeskanzler Bruno KREISKY (1970 – 1983) die „männlichen" Werte Dominanz, Gehorsam, Gefühlsunterdrückung geherrscht haben, und dass es einer ausgeklügelten Strategie sozialdemokratischer Frauen bedurfte, ihren so genannten „weiblichen", ich sage: „humanistischen", Werten – oder präziser: Interessen – in monatelanger Konfrontation mit den männlichen „Gesinnungsfreunden" rechtliche Rahmenbedingungen zu schaffen. Warum sollte also, was damals glückte, nicht immer wieder glücken? In meiner Religionsgemeinschaft, der protestantischen, sind Frauen ja auch in den „Tempel" eingezogen und zwar gar nicht so wenige, und neuesten Meldungen zufolge gibt es bereits fast gleich viele Polizistinnen wie männliche Exekutivbeamte in der „Burg"[36].

Man muss schon selbst Unterschriften gesammelt haben wie wir vom „Aktionskomitee zur Abschaffung des § 144"[37], um zu wissen, wie groß die Widerstände gegen den Aufbau einer Gesetzesinitiative sein können, wenn diejenigen, die „das Sagen haben" nicht hören wollen, was die bislang „schweigende Mehrheit" einfordert. Wir haben uns damals ausführlichst mit der Gedankenwelt derjenigen befasst, die wir zu überzeugen hatten – Männer wie Frauen. Auch diese Form von Respekt gehört zur Sozialkompetenz! Und genauso zählt dazu die Ausdauer und Ehrlichkeit, Quantität – Masse, Gewicht, Lautstärke, Wiederholungen ... – zu erschaffen um persönlich zu beeindrucken oder

---

35 C. BAUER-JELINEK, s. o., S. 110 ff.
36 ORF 2, Zeit im Bild vom 23. 3. 2008
37 Federführend darin waren damals 1971-72 Dr. Eva KREISKY (ZGRAJA) und Dr. Irmtraud KARLSSON (LEIRER – GÖSSLER – MARSCH), Renate OBADALEK, Gertrude EDLINGER, Monika LACINA, Helga TICHY und ich.

auch kollektiv Druck auszuüben. Politische Führungskräfte, bei denen allein die Qualität des wohldurchdachten Arguments genügt, um Innovationen in Gang zu setzen, sind selten. Nach dem Tod von Bruno KREISKY und Alfred DALLINGER fallen mir primär der niederösterreichische Landeshauptmann Erwin PRÖLL und sein Finanzlandesrat Wolfgang SOBOTKA ein.

Mut zum Wandel

Rechtsordnungen zeichnen sich durch einen Stufenbau aus: nach Verfassungs-, Bundes- und Landesgesetzen folgen Verordnungen und Bescheide, Hausordnungen und neuerdings auch Leitbilder bis hin zu den „ungeschriebenen" Normen, die üblicherweise als Usance, Anstand und Sitte bezeichnet werden. Sie alle legen fest, wie sich der Normadressat verhalten soll – und das kann sich je nach dem aktuellen Werteverständnis der normgebenden Macht ändern.

Sozialkompetenz kann daher auch als solch eine „Spielregel" verstanden werden: ob sie aber nur Lippenbekenntnis bleibt oder als ernst genommene Selbstverpflichtung erwartet und einfordert wird, hängt weitgehend davon ab, ob sie in ihrem jeweiligen Geltungsbereich als Begriff und auch „Betriebsanleitung" klar umrissen wird – oder nur eine Phrase bedeutet, mit der man andere diskriminieren kann. Wie sie als gelebte Praxis oder „moralische Norm" verstanden wird, hängt ja auch davon ab, welche Voraussetzungen für effizientes Zusammenarbeiten jemandem praktisch wie theoretisch indoktriniert wurden, wozu ich auch die Suggestionen zähle, dass das jeweilige Gegenteil als sentimentaler Sozialutopismus ignoriert oder als rigider Militarismus bekämpft werden sollte. Und es soll nicht vergessen werden, dass man mit dem Hinweis auf mangelnde Sozialkompetenz unliebsamen Mitbewerbern oder Mitgestaltern Hürden aufbauen oder ihren Ausschluss betreiben kann.

Sozialkompetenz, wie auch immer sie definiert wird, kann als Erfordernis einer besonderen Qualifikation in Arbeitsplatzbeschreibungen eingeführt – aber ebenso wieder abgeschafft werden. Um sie einzuführen, braucht es Vorteile, die allfällige Nachteile überwiegen: Gehorsam – Arbeitsorganisation nach traditionell militärischen Gesichtspunkten – ist von Vorteil, wenn man wenig Mitdenken, Kreativität und Mitgestaltungsbestrebungen wünscht oder braucht, wenn Zeitnot herrscht und Chaos oder wenn man sein labiles Selbstwertgefühl durch BeHERRschung einer als minderwertig definierten Person oder Personengruppe stabilisieren will. Partizipation ist von Vorteil, wenn man oppositionelle Sichtweisen wissen will, wenn Innovationen gesucht werden, wenn genügend Zeit für kontroversielle Diskussionen besteht und – Frustrationstoleranz. Oder wenn man Verantwortung scheut. Das gilt für die Arbeitswelt ebenso wie für die Beziehungen in der Familie oder in Nachbarschaft und Gemeinwesen.

Sozialkompetenz spiegelt daher sowohl als Form wie auch in ihrem Inhalt immer auch das jeweils als ideal angesehene soziale Gefälle wieder: „Das Fach ‚Unterricht in Gehorsam' hat viele Lektionen:", weiß Claude STEINER, „Wir mussten lernen, Lügen zu glauben, eigene Wünsche und drängende Fragen herunterzuschlucken, Wut, Trauer und andere Gefühle zu verbergen, unser gutes Recht weder zu fordern noch zu verteidigen, bei Unzufriedenheit zu lächeln: wir haben gelernt, mitzulaufen und keinen Ärger zu machen."[38] „Die Männer wünschen eine dienende Klasse,", doziert ähnlich sensibel der polnisch-britische Soziologe Stanislaw ANDRESKI (1919 – 2007), wenn er die soziale Isolation von Müttern kleinster Kinder im „Küchenmatriarchat" thematisiert, „und die Kapitalisten benötigen einen Markt für häusliche Gebrauchsgegenstände."[39]

Alles, was wir wahrnehmen wie auch alles, was wir tun, basiert auf neuronalen Vernetzungen: wir lernen durch unsere sinnliche Wahrnehmungsformen und verdichten dies durch die Worte, Bewertungen und damit verbundenen Gefühle, die wir

---

38 C. STEINER, s. o., S. 40
39 I. u. S. ANDRESKI, „Isolation", S.18 ff.

dabei erfahren, zu „Wortschatz", „Glaubenssatz", „Erfahrungsschatz". Wir „erkennen" durch Differenzierung von Gegensätzlichem und schaffen damit unser Weltbild und unsere Wertschätzung, gesellschaftliche Ungleichheiten und ihre psychosozialen Folgen inbegriffen, und wir können diese stets unverändert lassen oder aber kritisieren, mildern oder verschärfen.

Soziale Ungleichheit als „naturgegeben" („von Gottes Gnaden") oder „selbst verschuldet" anzusehen, ist ein erlernter Blickwinkel. Er lässt außer Acht, welche Variablen zur allfälligen Korrektur zur Verfügung stehen (könnten). „Eine Reduktion der Kriterien der Einstufung auf das des Geldes im reinen Kapitalismus oder auf das der Macht im stalinistischen Staat verschärft das Spiel der Rangeinordnung aus einem anderen, wenn auch verwandten Grund: eine Vielzahl von Kriterien gestattet die Gruppierung der Spielenden in einander nicht konkurrenzierende Gruppen.", weiß ANDRESKI einen Ausweg aus dem militärisch inspirierten Rangordnungsspiel: „Ist einer stolz auf seine Abkunft, der andere auf seinen Reichtum, der dritte auf sein Wissen, der vierte auf seine guten Manieren, können sie einander nicht direkt herausfordern: ein Mathematiker kann nicht direkt mit einem Archäologen konkurrieren." Und er führt weiter aus: „Eine Verfeinerung der Kultur kann durch die Vervielfachung der nicht vergleichbaren gesellschaftlichen Zielsetzungen zum gesellschaftlichen Frieden beitragen. Im Gegensatz hiezu wird eine Reduktion der möglichen Statussymbole auf den gemeinsamen Maßstab des Geldes den Kreis der Konkurrenten erweitern und den Einsatz erhöhen, weil sie die auf verschiedenen Gebieten erhältlichen Trostpreise nicht mehr zulässt. Die Hauptattraktion des Hippie-Daseins scheint in der Möglichkeit der Schaffung einer Subkultur zu liegen (wie es das abgekapselte Mönchstum tat), wo jene, denen das Tretrad der Hauptströmung nicht liegt, ihr eigenes Spiel der Suche nach Statussymbolen mit Jetons einer strikt begrenzten Währung spielen können."[40]

---

40 I. u. S. ANDRESKI, s. o., S. 11

Erst das Erkennen dieser „Spiele der Erwachsenen"[41] ermöglicht den Ausstieg aus solchen Inszenierungen und die Hinwendung zu authentischer Stellungnahme, bei der es nicht mehr um die Erzielung eines Wettbewerbsvorteils geht, um Dominanz oder gar Vergeltung für die „Ungerechtigkeiten des Lebens".

Wunsch nach Rezepten

Dass sich vor allem Menschen, die nicht gewohnt sind, Verantwortung für eigene Konzeptionen und deren Realisierung zu übernehmen – und sie bilden die Mehrheit – sich nach Anleitungen zum „richtigen" Verhalten sehnen, scheint durchaus logisch. Deswegen dominieren unter den AutorInnen der einschlägigen Ratgeberliteratur PädagogInnen, die die Arbeitswelt, für die sie schreiben, maximal aus zweiter Hand, wenn nicht aus dritter, nämlich aus Fachliteratur, kennen, nicht aber aus eigener Anschauung und Erfahrung. Sie bleiben damit dem Spiel „Angst vor Strafe – Hoffnung auf Belohnung" untertan, in dem es eine Oberinstanz gibt, die in richtig oder falsch einteilt, genehmigt oder verwirft und auf diese Weise das ehemalige Schulszenario ad infinitum wiederholt. Weil wir aber dazu neigen, im Voraus eilenden Wohlwollen all denjenigen, die ein spezifisches Diplom vorweisen können, auch Kompetenz zuzusprechen – und im Gegensatz denjenigen, die das nicht können, ohne Überprüfung ihrer tatsächlichen Qualität diese von vorn herein abzusprechen – boomen die How-to-do-Anleitungen.

„Abgesehen von ihrem unersättlichen Hunger nach Papier, Vorschriften und anderen bürokratischen Übeln genießen die Erziehungsbürokraten das einmalige Privileg einer fast totalen Ausnahme von jeder Art Nützlichkeits- oder Effizienzprüfung.", kritisiert Stanislaw ANDRESKI. „Da ihr Produkt so schwer messbar und bewertbar ist, lässt sich kaum eindeutig bestimmen, ob sie ihre Arbeit ordentlich oder schlecht machen

---

41 Vgl. E. BERNE, „Spiele der Erwachsenen"

oder auch nur, ob sie sie überhaupt tun oder ob das, was sie tun, sich wirklich bezahlt macht. Misst man ihre Effizienz am Diplomausstoß, so ist diese Messung etwa so gültig wie eine Einschätzung des Nationaleinkommens nach der Menge der Banknotenemission." Aber, schränkt er gleich auch ein, „Weder die Studenten noch sonst jemand können ermessen, ob das Verfahren, welchem sie unterworfen werden, ihnen oder irgend jemandem in Zukunft nützlich sein wird."[42] Aus diesem Grund betrachte ich die derzeit üblichen schriftlichen Evaluationen von Bildungsveranstaltungen als Augenauswischerei: die TeilnehmerInnen können, so sie nicht über gleiche Ausbildungen und Erfahrungen verfügen, nur beurteilen, ob sie sich während der Lehrveranstaltung wohl gefühlt und ob sie sich selbst hinreichend eingebracht haben – was auch bedeutet, ob sie im Falle von Missbehagen dieses auch angesprochen haben. Wenn also der franko-amerikanische Transaktionsanalytiker österreichischer Abstammung, Claude STEINER meint, „Erst wenn wir uns weigern, unseren Willen und unsere Urteilskraft von anderen kontrollieren zu lassen, setzen wir die Kräfte frei, die wir für eigene Entscheidungen und eigenes Handeln benötigen"[43], so ignoriert er, dass wir, frei nach GOETHE, nur dem Geist gleichen, den wir begreifen[44] – also nur dem Geist unserer neuronal engrammierten Lerninhalte, die wir als „richtig" akzeptiert haben (was sie aber objektiv[45] nicht sein müssen) und daher dem Dilemma nicht entkommen, immer überprüfen zu sollen/müssen, ob nicht etwa das Gegenteil dessen oder eine dritte, vierte etc. Lösung größere „Richtigkeit" beanspruchen könnte ... nur: je größer die Vielzahl der Möglichkeiten, die Verwirrung, das Chaos – desto mehr suchen wir nach Halt (und hoffentlich nicht nach Betäubung!) und desto mehr hilft auch Struktur, Ordnung, „best practice".

---

42 I. u. S. ANDRESKI, s. o., S. 15
43 C. STEINER, s. o., S. 40
44 J. W. GOETHE, „Faust I", „Nacht"
45 Objektiv heißt für mich „das, auf das wir uns geeinigt haben, dass wir es als objektiv gelten lassen".

Den Ansatz solch eines Rezeptes gegen Erstarrung (und für Lebendigkeit) und gegen Unfassbarkeit (und für Positionsbezug) findet sich in der Methode der Mediation bzw. meiner Weiterentwicklung, der Mesoziation®[46].

Mediation wurde als eine ritualisierte Form der Konfliktlösung als Alternative zu gerichtlichen Auseinandersetzungen entwickelt. Sie steht in Nachfolge des germanischen Thing, das Untaten oder asoziales Verhalten als Problem der gesamten Gemeinschaft (also nicht nur der Streitparteien) definierte und eben in Gemeinschaft ausgiebig und emotional diskutierte, hingegen immer erst nach zumindest einer Nacht dann die vernunftgesteuerten Entscheidungen fällte. Ein ähnliches Vorgehen beschrieben SPECK und ATTNEAVE bereits 1976 als „Netzintervention"[47], und unabhängig und ohne Kenntnis davon haben Wiener PsychoanalytikerInnen[48], darunter auch ich, bereits 1975 ein ähnliches Vorgehen als unser Wiener Modell einer „psychoanalytischen Sozialtherapie" praktiziert.

Die „Technik" in der Mediation besteht, unabhängig von den methodischen „Glaubenssätzen", grob vereinfacht, in der

- Vereinbarung von Kommunikationsregeln (ausreden lassen, aktiv zuhören, auf Verbalinjurien verzichten ...)
- Allparteilichkeit des/r MediatorIn, d. h. Einnehmen und Verbalisieren jedes der vorgebrachten Blickwinkel ohne Bevorzugung und Verstärkung bzw. Abschwächung
- Förderung der Streitparteien, ihre persönlichen Ziele, d. h. Wünsche, Begehren, Ängste, Vermeidungen etc., ungefiltert ausdrücken zu können
- Entschleunigung, Entemotionalisierung und Reduktion auf Wesentliches
- Dokumentation und Fixierung als Quasi-Vertrag

---

46 Dazu ist ein Lehrbuch in Arbeit, eine kurze Einführung befindet sich in R. A. PERNER, „Kultur des Teilens" (vergriffen, Restexemplare bei der Autorin).
47 R. V. SPECK/C. L. ATTNEAVE, „Die Familie im Netz sozialer Beziehungen", S. 45 ff.
48 Federführend dabei Harald PICKER, Max KOMPEIN, Dr. Klaus RÜCKERT

- Milderung von Grobheiten durch „Dolmetschen" in sozialverträgliche Formulierungen
- Pointierung und Herausarbeiten möglicher Einigungsalternativen

Mediation versteht sich daher als Absage an das lineare „Wer-ist-schuld?"-Denken[49] – mit seinem Kämpfen und allenfalls Schädigen wenn nicht gar Vernichten – hin zu einer komplexen Sicht des Konfliktes im systemischen Sinn: „Was kann jede/r dazu beitragen, dass der oder die andere/n auch bereit sind, kooperativ entgegen zu kommen.

Dadurch, dass der Mediator bzw. die Mediatorin als Außenstehende vor allem (und hoffentlich!) Überblick über das Konfliktgeschehen halten und sich nicht zu Parteinahme verführen lassen, können und sollen sie persönliche Beziehungsangebote und damit energetische Einwirkung auf die Streitparteien vermeiden (was natürlich nie 100%ig gelingen kann). Sie müssen daher nicht über besondere Sozialkompetenz verfügen – und tun das meist auch gar nicht (auch wenn sie es wähnen), denn professionelles Verständnis ihrer Helferrolle setzt voraus, dass beide Konfliktparteien sich deklariert mediatorisch einigen wollen; pflegt nur einer Person eine Mentalreservation – will beispielsweise nur kurzfristig demonstrieren, dass sie ohnedies zu Klagsverzicht bereit war um sich im nachfolgenden Prozess ein sanftes Ansehen zu verschaffen – wird der Mediationsversuch mit ziemlicher Sicherheit erfolglos bleiben. Es reicht daher für die Professionalität von MediatorInnen, sich bei allfälligen Attacken einer Konfliktpartei nicht aus der Ruhe bringen zu lassen. Das ist zwar auch gar nicht so leicht, wenn man dabei nicht verhärten will, aber Sozialkompetenz ist etwas anderes als Stressresistenz.

Sozialkompetenz ist vor allem Bekenntnis zu Fairness: niemand soll einen Vorteil beanspruchen, wenn dadurch andere einen Nachteil erleiden – außer sie nehmen ihn bewusst und

---

49 „auf A folgt immer B"

quasi vertraglich vereinbart in Kauf. Sich vertragen bedeutet ja, Verträge schließen – und auch „nur" mündliche Verträge sind gültig (solange sie nicht verändert werden). Sozialkompetenz umfasst daher Pakttreue und Redlichkeit: redlich ist, was man bereden kann – und was man nicht bereden kann, sollte man eigentlich gar nicht ausdenken.

> *„Die herrschenden gesellschaftlichen Bedingungen brachten also narzisstische Persönlichkeitszüge zum Vorschein, die, in unterschiedlichen Gradabstufungen, in jedem Menschen vorhanden waren: eine gewisse, dem Selbstschutz dienende Oberflächlichkeit, Angst vor bindenden Verpflichtungen, die Bereitschaft, alles hinter sich zu lassen, sobald sich das Bedürfnis danach einstellt, den Wunsch, sich alle Optionen offen zu halten, Abneigung gegen Abhängigkeit von anderen, Unfähigkeit zu Loyalität und Dankbarkeit."*
> Christopher LASCH[1]

Soziale Inkompetenz als Überlebenstechnik

Parallelprozesse

In einer universitären Lehrveranstaltung zum Thema Sozialkompetenz erlebte ich einmal eine Teilnehmerin, die von Anbeginn an nonverbale Signale von Unzufriedenheit, Desinteresse und Verachtung von sich gab. Außerdem wendete sie jedes Mal, wenn ich sie ansprach, den Kopf ab, wie es Dackel tun, wenn sie nicht gefüttert werden wollen. Als Beruf hatte die Frau angegeben, mit schwierigen Jugendlichen Berufstrainings durchzuführen und überdies auf ihre Graduierung als Mediatorin hingewiesen. Als ich sie ansprach, weshalb sie immer wegblicke, wenn ich das Wort an sie richte, antwortete sie ziemlich aggressiv: „Sie sind mir zu massiv!" Gegen Ende des Unterrichts, dem sie zuletzt auch ihre leibliche Anwesenheit entzogen hatte, erfuhr ich von anderen TeilnehmerInnen, dass sie mir von Anbeginn unterstellt – und auch anderen zu suggerieren versucht – hatte, ich würde „Psychospielchen" veranstalten.

Ich schloss aus ihrem sozial inkompetenten Verhalten, dass sie sich durch mich in ihrer Selbstdefinition als selbst sozial hoch

---

[1] C. LASCH, „Das Zeitalter des Narzissmus", S. 334

kompetent – vermute: gegenüber ihren Trainees, also Untergeordneten – gefährdet gefühlt hatte. Mir – oder wem auch immer – Psychospielereien zu unterstellen, vielleicht aus Unkenntnis, dass die Qualifikation als Psychotherapeutin auch beinhaltet, dass zuerst mit der jeweiligen Klientel ein Arbeitsbündnis geschlossen werden muss, das den Einsatz solcher „Techniken"[2] erst ausdrücklich gestattet, oder vielleicht aus Angst, was denn solch ein „Psycho" über einen selbst herausfinden könnte, vielleicht aber nur als Routineverhalten im Sinne von „Angriff ist die beste Verteidigung", zeugt von Vorurteil (oder gar Vorverurteilung).

Ähnliche Überlegungen finde ich auch bei Bertrand RUSSELL, wenn er schreibt: „Glaubensmeinungen, die sich nicht auf die Beobachtung oder die Vernunft gründen, gestatten uns, Rückschlüsse auf die vorherrschenden Leidenschaften ihrer Erfinder zu ziehen."[3] Beobachtung ist aber ein subjektives Tun und von der „Offenheit" der jeweilig beobachtenden Person abhängig – ganz im Sinne der EINSTEINschen Anschauung, „dass wir die Ereignisse nur ‚am' Beobachter beobachten können"[4] – dessen Vorurteile und Glaubenssätze mit inbegriffen.

Nun wissen PsychoanalytikerInnen, dass sich die Themen, zu denen man professionell sachlich arbeitet, gleichzeitig emotional in der therapeutischen, pädagogischen oder supervisorischen Beziehung wiederholen, egal ob man im Einzelsetting arbeitet oder in der Gruppe; besonders aufgefallen ist mir dies bei den Themen Konkurrenz, Rivalität, Eifersucht oder Aggression, Gewalt, Geschlechterkampf; das wird mit einem Fachausdruck als „Parallelprozess" bezeichnet und zu den vielen Formen von Übertragungsgeschehen gezählt. Warnung daher an KollegInnen: wenn man zu den Themen Sozialkompetenz, Soli-

---

2 Das Wort Technik stammt vom Altgriechischen techné, was Kunst bedeutet.
3 B. RUSSELL, „Moral und Politik", S. 167
4 Zitiert nach G. DEVEREUX, „Angst und Methode in den Verhaltenswissenschaften", S. 17

darität oder Rücksichtnahme arbeitet, muss man mit schweren Inkompetenzausfällen rechnen!

Der weltberühmte deutsch-amerikanische Erziehungswissenschaftler Frederick MAYER (1921-2006) zitiert in seinem Buch über Vorurteile den wegen Konspiration gegen die Nazis hingerichteten evangelischen Theologen Dietrich BONHOEFFER (1906-1945), der einige Monate vor seiner Verhaftung durch die Gestapo schrieb, dass durch eine verachtende Haltung keine wirkliche Kommunikation entstehen kann: „Wir müssen die Menschen weniger auf das hin, was sie tun und unterlassen, als auf das hin, was sie erleiden, beurteilen."[5]

Leiden kann man rein auf körperlichen Schmerz hin definieren und dann differenzieren und den einen als in böser Absicht zugefügten kriminalisieren oder einen anderen als Folge von „höherer Gewalt" – beispielsweise Krankheit in traditionell somatischer Sicht – bemitleiden. Letzteren kann man durch zentriertes Bewusstsein ertragen lernen – da gibt es vor allem in östlichen Meditationspraktiken Anleitungen; einige davon wurden in den letzten Jahrzehnten etwa in der Geburtshilfe oder Palliativarbeit übernommen. Auf jeden Fall finden in beiden Formen so genannte „objektive" Bewertungen statt, die aber doch nur subjektive sind. Der Ethnopsychoanalytiker Georges DEVEREUX schreibt über das „prestigeheischende Quantifizieren des Unquantifizierbaren"[6] als pseudowissenschaftlichem Agieren:

„Ich befürworte deshalb nicht etwa die Elimination von Filtern, sondern dringe lediglich darauf, sich die Illusion aus dem Kopf zu schlagen, sie könnten jegliche Subjektivität ausschalten und die Angst gänzlich neutralisieren. Sie tun keins von beidem; sie verrücken nur *leicht* den Ort der Trennung zwischen Objekt und Beobachter und *schieben* den exakten Moment, in dem das subjektive

---

5 F. MAYER, „Vorurteil – Geißel der Menschheit", S. 80
6 G. DEVEREUX s. o., S. 28

Element (in Form der Entscheidung) interveniert, *hinaus*. Es ist eine Sache, den Ort der Trennung und den ‚Augenblick der Wahrheit' auseinander zu halten – wenn nämlich das Faktum auf optimale Weise in eine gültige Aussage überführt worden ist –, und es ist eine andere Sache, vorzugeben, man schalte bei diesem Vorgehen jegliche Angst und Subjektivität aus."[7]

So genannte Objektivität bedeutet nichts anders, als dass sich eine Mehrheit darauf geeinigt hat, ihre vereinte Subjektivität als objektiv zu behaupten und damit Widersprüche wie auch WidersprecherInnen nicht zuzulassen – beispielsweise den Widerspruch, dass seelische Schmerzen ärger wären als körperliche. Diese Aussage treffen viele, wenn sie in Selbsterfahrungsgruppen oder in therapeutischen Settings nachdenken, wodurch sie etwa in der Kindheit besonders geschädigt wurden; da wird nicht körperliche Gewalt angeklagt, sondern die dahinter liegende Grausamkeit, die Missachtung der Sicherheitsbedürfnisse, die Verweigerung von Respekt und der angedrohte oder realisierte Ausschluss aus der sozialen Gemeinschaft. Das Wort „erleiden" in dem BONHOEFFER-Zitat interpretiere ich als subjektives Erleben zu verstehen – nicht als objektive Bewertung. Eine solche wäre aus meiner Sicht nur wiederum Verweigerung von Mitfühlen und damit Schaffung von Distanz, ja sogar angepeilter Überhebung.

MAYER weist darauf hin, dass dieser Rat BONHOEFFERS besonders beim Ausrotten von Vorurteilen und bei der Entwicklung zu sozialer Integration enorm wichtig sei.

Der Begriff „Soziale Integration" wird üblicherweise nur in Zusammenhang mit Menschen aus anderen Kulturen oder mit körperlichen oder geistigen Behinderungen angewendet. Tatsächlich stellt sich diese Herausforderung aber für jeden Menschen und zwar bereits mit dem Hineinwachsen in eine Familie, später in die Schulgemeinschaft, bei Eintritt in jegliche konkrete

---

[7] G. DEVEREUX, s. o., S. 19 (Kursivsetzungen im Original)

Arbeitswelt und ebenso auch in jeder Situation, in der eine bereits bestehende Gruppe mit einem „Neuzugang" konfrontiert ist. In ländlichen Gegenden ist der abweisende Umgang der „Hiesigen" gegenüber den „Zugereisten" bekannt und Thema etlicher Heimatfilme. Aufnahme in die Gemeinschaft ist aber keine „Holschuld" der jeweils „Zuwachsenden", sondern eine „Bringschuld" der Gruppe! Diese Aufgabe mit Achtsamkeit und Respekt zu bewältigen, zählt zu den Prüfsteinen von Sozialkompetenz!

Besonders wichtig ist diese Sichtweise bei so genannten verhaltensauffälligen Kindern. Was meist als „schlimm" oder „boshaft" interpretiert wird, ist oft die Folge erlittener Traumata. Darauf weist beispielsweise der amerikanische Kinderpsychiater Bruce PERRY hin: Kinder, die auf Grund ihrer Biografie der Traumatisierungen lernen mussten, aus Mimik, Gestik oder Tonfall zu entschlüsseln, ob von jemand Gefahr droht, achten nicht auf die Inhalte von Worten sondern nur auf die Form ihres Ausdrucks.[8] Das stempelt sie oft zu „Schulversagern". Und: nicht nur Flüchtlingskinder aus Kriegsregionen üben diese Form von Überlebenstechnik – wir finden sie auch bei einheimischen körperlich, seelisch oder sexuell misshandelten Kindern, und das sind viele. Und sie erleben solche Stresssituationen nicht nur in Bezug auf ihre Lehrkräfte, sondern ebenso mit der Mitschülerschaft.

PERRY schreibt beispielsweise mit Bezug auf seine Patientin Tina:

> „Eine Person mit einem überaktiven Stresssystem achtet vor allem auf Gesichter von Menschen wie die von Lehrern und Mitschülern, weil in ihnen Bedrohung lauern könnte, aber nicht auf die Dinge, die dem Schulunterricht zugute kommen. Eine erhöhte Wachsamkeit für potenzielle Bedrohung könnte bei jemand wie Tina auch eine verstärkte Kampfbereitschaft auslösen, da sie

---

[8] B. PERRY/M. SZALAVITZ, „Der Junge, der wie ein Hund gehalten wurde", S. 166 ff. und 305 ff.

überall nach Hinweisen für einen erneut drohenden Angriff sucht, was wahrscheinlich bewirkt, dass sie auf leiseste mögliche Anzeichen von Aggressionen übermäßig stark reagiert."[9]

Ähnlich schreibt PERRY auch über einen anderen seiner Schützlinge:

„Das Verhalten seiner Mitschüler ließ sich leicht vorhersagen. Es war eine Miniausgabe dessen, was in unterschiedlichen Formen jeden Tag auf der ganzen Welt passiert. Menschen fürchten, was sie nicht verstehen. Das Unbekannte jagt uns Angst ein. Wenn wir Menschen begegnen, deren Aussehen oder Benehmen unvertraut oder seltsam ist, besteht unsere anfängliche Reaktion darin, sie auf Abstand zu halten. Bisweilen setzen wir Menschen, die anders sind, herab und entmenschlichen sie, um uns überlegen, intelligenter oder kompetenter zu fühlen. Die Wurzeln von so vielen der hässlichsten Verhaltensweisen unserer Spezies – Rassismus, Altersdiskriminierung, Frauenfeindlichkeit, Antisemitismus, um nur einige zu nennen – liegen in dieser grundlegenden, vom Gehirn vermittelten Reaktion auf wahrgenommene Bedrohung. Wir ängstigen uns tendenziell vor dem, was wir nicht verstehen. Und Angst kann deshalb so leicht in Hass oder sogar Gewalt umschlagen, weil sie die rationalen Teile unseres Gehirns zu unterdrücken vermag."[10]

Besonders wer sich nicht den unausgesprochenen allgemeinen Erwartungen anpasst, läuft Gefahr, Mobbingopfer zu werden – in der Familie, in der Nachbarschaft, im Schulunterricht und am Arbeitsplatz.

---

9   B. PERRY/M. SZALAVITZ, s. o., S. 41. Mehr zur sensiblen Aufmerksamkeit gegenüber potenziellen Gefahren im Kapitel „Machtmissbrauch"
10 B. PERRY/M. SZALAVITZ, s. o., S. 283

Simulation

Allerdings gibt es auch Menschen, die für sich einen Leidenszustand reklamieren, um damit ihre Benachteiligungsgefühle gegenüber denjenigen, die wirklich hilfsbedürftig sind – also benachteiligt im Vergleich zu physisch oder psychisch unverletzten Menschen – als Berechtigung zu ebensolchen Wiedergutmachungen zu präsentieren. So habe ich es öfters in öffentlichen Diskussionen zum Thema Vergewaltigung oder physische Misshandlung von Frauen erlebt, dass sich Männer zu Wort meldeten und für sich vehement den gleichen Opferstatus einforderten, weil ihnen irgendeinmal von einer Frau verbal oder auch körperlich Widerstand geleistet worden war, als sie ihren Willen durchsetzen wollten. Das hatten sie als gewalttätig empfunden.

Es bedarf sensibler Gesprächsführung, Menschen, die nicht merken (wollen), welche Machtansprüche sie für sich reklamieren, wenn sie besondere Unterstützung zur Beseitigung von frustrierenden Situationen einfordern, Einsicht zu ermöglichen. So sprechen viele gleich von Mobbing, wenn sie gerade einmal nicht wertschätzend behandelt wurden.

Mobbing definiert aber der deutsch-schwedische Arbeitspsychologe Heinz LEYMANN als:
- sehr oft und
- über einen längeren Zeitraum (Henry WALTER spricht von einem halben Jahr[11]) stattfindende
- feindselige Akte („negative kommunikative Handlungen"),
- die damit eine „Beziehung zwischen Täter und Opfer kennzeichnen"[12].

Ich präzisiere daher zusätzlich, aufbauend auf meine jahrelange Erfahrung als Gesundheitspsychologin und Juristin (um vor allem die „Fürsorgepflicht des Arbeitgebers" einzufordern und auf den unnötigen Kostenfaktor hinzuweisen – denn nicht

---

11 H. WALTER, „Mobbing: Kleinkrieg am Arbeitsplatz", S. 25
12 H. LEYMANN, „Mobbing", S. 21.

nur die gemobbten Personen werden in ihrer Arbeitsfähigkeit gestört, auch die Mobbenden arbeiten nicht – sie mobben ja und lenken damit ihre Kreativität und Handlungsmotivation gegen KollegInnen oder auch Vorgesetzte):
- die die Erbringung der erforderlichen Arbeitsleistungen be- oder verhindern
- und die die leib-seelische Gesundheit beeinträchtigen.

Kein Vorgesetzter würde wohl gestatten, dass Mitarbeiter durch physische Misshandlung arbeitsunfähig gemacht werden – warum sollten also psychische Angriffe toleriert werden?

Immer wieder kommen aber auch Personen und beklagen sich über Mobbing, aber bei Nachfrage stellt sich heraus, dass sie sich zwar sehr wohl in Konfliktsituationen befinden, aber kein anderes Modell der Selbstbehauptung kennen als Verbündete zu suchen oder Zuflucht bei einer vermuteten wehrhafteren Autorität. Ihre Überlebenstechnik ist die Flucht in die Gruppe vermeintlicher Helfer. Tatsächliche Mobbingopfer hingegen zögern oft viel zu lange, sich Beratung und Beistand zu organisieren, werden dann oft der Unglaubwürdigkeit geziehen („Wieso kommen Sie erst jetzt?!") und sehen sich dem Vorurteil gegenüber, sie wollten nur die Ursache ihrer Erkrankungen – und die kommen! – anderen zuschieben. Ihre Überlebenstechnik ist das Totstellen, abwarten ob die Situation nicht besser werden könnte (sie wird es nicht!) und vor allem die Illusion, je unauffälliger man wäre, desto sicherer. Beide allerdings scheuen die direkte Ansprache des Geschehens – teils aus Angst vor weiteren Negativreaktionen, teils aus Ermangelung eines sozial adäquaten Verhaltensmusters. (Gleichartige Erfahrungen zeigen sich auch beim so genannten „Falschen-Opfer-Syndrom" etwa bei Stalking oder anderer Sexualdelinquenz.[13])

Soziale Kompetenz zeigt sich im souveränen Umgang mit Konflikten und auch mit Niederlagen, ja bereits dann, wenn

---

13 Vgl. J. BETTERMANN, „Falsche Stalking-Opfer?", J. BURGHEIM/H. FRIESE, „Sexualdelinquenz und Falschbezichtigung"

sich Niederlagen ankündigen; das wird erkennbar am Verzicht auf Übervorteilung, Überheblichkeit und Überwältigung anderer Menschen, auch wenn das Gewinn brächte. Wie das dem Zweikampfgeschehen entstammende Wort Niederlage schon aufzeigt, steht dahinter das geistige Bild des gegenüber dem stehenden Sieger klein gewordenen, weil zu Boden gerungenen Verlierers. Wer nicht psychisch und auch sozial stark genug ist, solch eine unterlegene Lage als vorübergehendes Tief mit früher oder später nachfolgendem Hoch oder zumindest Höher zu sehen, hat die Wahl, entweder „am Boden zerstört" liegen zu bleiben oder aggressiv zu versuchen, den konkreten anderen (oder einen Ersatz) klein zu machen, um jemand zu haben, auf den man herab schauen kann. Es gibt aber auch die „dritte Lösung" – eben nicht an Größe zu verlieren, nur weil man sonst etwas, nämlich einen „Sieg", verloren hat.

Der Wiener Sozialpsychiater und Psychoanalytiker Hans STROTZKA (1918-1994) weist darauf hin, dass in der Industriegesellschaft, die einerseits immer mehr menschliche Arbeit durch Maschinen ersetzt, andererseits Menschen für hochspezialisierte Kontrollfunktionen mit hohem Stresspotenzial einsetzt, die Möglichkeit des autonomen Handelns, d. h. des Tuns zu selbst gewählten Zwecken, auf selbst gewählten Wegen und aus eigenen Motiven, immer beschränkter wird.[14] In dieser Konstellation fühlen sich viele bereits unterlegen; sie suchen dann oft unbewusst eine Projektionsfigur für ihre Kompensationsbestrebungen, um der Tatsache eigener Bedeutungslosigkeit oder eben Inkompetenz nicht ins Auge blicken zu müssen. Sie spielen dann auf kompetent – nur: auch wenn der in der Systemtherapie gerne zitierte Motivationssatz „Fake it until you make it"[15] sich bei so mancher Sozialphobie als hilfreich erweist – zur Überwindung primitiver[16] Überlebenstechniken ist er es nicht.

---

14 H. STROTZKA, „Fairness. Verantwortung. Fantasie", S. 82
15 Frei übersetzt: „Tu so als ob, bis es für dich zur Routine geworden ist"
16 Ich benütze hier das Wort „primitiv", weil ich davon ausgehe, dass Selbstreflexion, Selbstberuhigung und bewusste Selbstgestaltung das animalische

Soziale Kompetenz ist, wenn vorhanden, eine ethische Grundhaltung, die immer gelebt wird und nicht bloß gespielt – weder ausschließlich im Beruf noch ausschließlich privat; man sollte aber voraussetzen können, dass Personen, die führen bzw. anleiten (vor allem aber die, die in den Bereichen Sozialpädagogik, Lebens- und Sozialberatung, Mediation und besonders Psychotherapie ausgebildet sind), sich immer (!) sozial kompetent verhalten und falls sie einmal in eine Dynamik geraten, „sich zu vergessen", dies sogleich merken und ihr Verhalten korrigieren[17]. Im zitierten Fall hätte dies bedeutet, den persönlichen Angriff („Du – Anklage") zurück zu nehmen und durch mehr Information über sich selbst („Ich – Botschaft") zu ersetzen, also beispielsweise zu sagen: „Ich habe Schwierigkeiten, ihre Lautstärke (Energie, Kraft, Selbstsicherheit etc.) zu akzeptieren (ertragen, aushalten etc.)." Dann wäre es dem Gegenpart, in diesem Fall mir, möglich, sachlich entgegen zu kommen und etwa zu fragen: „Soll ich leiser sprechen? Hören mich dann die weiter hinten Sitzenden noch?"

Viele Menschen nehmen PsychotherapeutInnen nur in dieser einen – häufig verunsichernden – Berufsrolle wahr, auch wenn sie beispielsweise ihre Ursprungsberufe[18] ausüben; dann

---

Stammhirndenken „Kämpfen – Flüchten – Totstellen" bereits durch das entwickelte Großhirndenken mit seinem inneren wie auch äußeren Dialog und den Optionen „Verhandeln – Distanzieren – Abwarten" ersetzt hat.

17 Ich werde häufig gefragt, woran man „gute" PsychotherapeutInnen erkennen kann. Ich empfehle dann, mit ihm oder ihr in eine Art Streit zu geraten und die folgende Reaktion auf Raum geben, Ernsthaftigkeit und Mitdenken zu überprüfen. Denn so wie der Wiener Physikprofessor Herbert PIETSCHMANN einmal formuliert hat, dass sich die Reife einer Gesellschaft an ihrem Umgang mit dem Widerspruch (Gegensatz) zeige, gilt dieser Satz auch für ihre einzelnen Mitglieder.

18 Ich bin beispielsweise vom Ursprungsberuf promovierte Juristin und über Sexualstrafrecht und Scheidungsrecht, Kommunalpolitik und Gemeinwesenarbeit zur Psychotherapie gelangt, habe später eine pädagogische Ausbildung absolviert und unterrichte seit rund zwanzig Jahren vor allem universitär aber auch in der ärztlichen Fort- und Weiterbildung, entwickle und begleite Projekte im Bildungs-, Gesundheits- und Sozialwesen, coache Führungskräfte und forsche – und immer wieder wird von mir in unpassends-

kommt es häufig zu Parallelprozessen mit teilweise absurden Erwartungen – Hoffnungen wie auch Befürchtungen –, die die Realitätssicht trüben. Zu diesen irrealen Vorurteilen gehören unbewusste Ängste, etwa die, durchschaut und nicht mehr wertgeschätzt zu werden oder den unbewusst beanspruchten Platz in der sozialen Gruppe nicht behaupten zu können. Man fühlt sich bedroht und beginnt zu kämpfen – so wie es den eingespeicherten Verhaltensmodellen entspricht.

Solche Verhaltensmodelle entstammen meist den Erfahrungen der frühen Kindheit – wie es einem die Eltern oder sonstigen Bezugspersonen vorgelebt haben – oder Situationen, in denen man ähnliche Gefühle wie damals, beispielsweise Unbehagen, Ratlosigkeit, Aggression... wiederbelebt hat.

Wiederholungszwänge

Oft rutschen einem später in Vergleichssituationen die gleichen problematischen Formulierungen von den Lippen, die einen seinerzeit verletzt haben.

So kann ich mich daran erinnern, dass ich während meiner Ausbildung in personzentrierter Gesprächstherapie von meinem Supervisor wissen wollte, ob mein Gefühl, er habe Aversionen gegen mich, stimme, und dieser antwortete mit: „Eine interessante Fantasie!" Erst viel später erkannte ich, dass der Psychotherapeut, damals in Zweitausbildung zum Psychoanalytiker (bei mir war es umgekehrt!), in klassisch psychoanalytischer Manier reagiert hatte. (Viel später, als ich längst mein Zertifikat besaß, entschlüpfte demjenigen im Zorn, dass er mich noch nie hatte leiden mögen. Für mich letztlich Bestätigung meiner

---

ten Situationen die intensive psychotherapeutische Empathie erwartet und auch eingefordert, die aber zur professionellen Ausübung ein ungestörtes stressfreies Setting benötigt, und wenn ich dies in Erinnerung rufe, erlebe ich häufig nicht situationsgerechte Enttäuschung oder gar Amüsement sondern eher Aggression – eine Indikation, dass tatsächlich eine psychotherapeutische Dienstleistung angebracht wäre ...

Intuition.) Jedenfalls: personzentriert war das nicht! Und es war auch nicht personzentriert, als ich ein, zwei Jahre später genau diesen Satz wie eine Stafette „weitergab" – und erschrak und sogleich korrigierte.

Wiederholungszwang heißt es im Vokabular der Psychoanalyse, wenn man anderen das antut, was einem selbst widerfahren ist. Oft will man damit herausfinden, was es mit der „Urszene" auf sich gehabt hat. Das erklärt etwa auch Gewalttaten von Kindern an jüngeren Kindern: sie „spielen" nach, was sie gesehen und nicht erklärt bekommen haben, um das in ihrem Wissensstand Fehlende zu entdecken[19]. Gewohnt, Paar- wie auch Gruppendynamik zu entschlüsseln, selbstverständlich auch unter Einbeziehung meiner selbst, differenziere ich:

- soziale Kompetenz bringt einander näher, mildert „Kampftöne", schafft mehr Offenheit und beseitigt Vorurteile;
- soziale Inkompetenz hingegen entfremdet, schafft oder verschärft Kampfsituationen, führt zu Verschlossenheit und verfestigt damit Vorurteile.

Manche Menschen denken aber nur in Kampfkategorien und erleben sie deshalb auch stets – so wie der Volksmund weiß: „Ein Dieb sieht selbst bei einem Heiligen auch immer nur die Taschen". Nur: wir wissen nicht, auf Grund welches dramatischen Kampfgeschehens immer wieder solche Denkmuster die Vorherrschaft erlangt haben, wenn wir nicht in Kenntnis gesetzt werden – und üblicherweise werden derartige traumatische Erlebnisse verdrängt und tauchen erst in der sachkundigen tiefenpsychologischen Erinnerungsarbeit[20] auf.

---

19 Vgl. V. METZE-MANGOLD, „Auf Leben und Tod", S. 33 ff.
20 Damit distanziere ich mich von den vor einiger Zeit modern gewordenen so genannten Rückführungen, die von gutgläubigen KlientInnen oft als Beweis für frühere Leben oder erlittene Traumatisierungen angesehen werden: es handelt sich immer „nur" um seelisches „Material", Gefühle, die in Bilder und Worte gekleidet werden und je nach Bildung sehr beeindruckend ausfallen können. Wesentlich sind aber immer die Gefühle; man sollte daher diese Seelenbilder nicht mit gerichtsfirmen Beweisen verwechseln.

In welchen dynamischen Situationen jemand glaubt, um sein psychisches oder soziales Überleben kämpfen zu müssen, hängt davon ab, ob er oder sie „erlernt" hat,
- das eigene Innenleben wahrzunehmen,
- kritisch zu überprüfen und allenfalls
- im Dialog abzuklären, wie weit Selbstbild und Fremdbild zusammenstimmen.

Diese Selbstreflexion ist eine Fähigkeit, die üblicherweise erst rund um das vierzehnte, fünfzehnte Lebensjahr halbwegs ausgeformt ist. Deswegen wird auch die Strafmündigkeit üblicherweise mit dieser Altersgrenze festgelegt. Bis zum zehnten Lebensjahr ist das Zeitgefühl noch ziemlich unsicher – deswegen ist es auch ziemlich sinnlos, jüngere Kinder wegen Verspätungen zu mahnen oder gar abzustrafen. So lernt das Kind gar nichts außer dass es seine Bezugsperson verärgert hat sprich „ein schlimmes Kind ist". Richtiger wäre es, an Hand einer Kinderarmbanduhr zu trainieren, regelmäßig das Zifferblatt zu kontrollieren und sich Zeigerstellungen zu merken, die Aufbruchs- oder Ankunftszeiten markieren. Und während der Hormonstürme der Adoleszenz ruht – oder besser wirbelt – die Aufmerksamkeit mehr in den unteren Energiezentren als in den oberen oder anders gesagt: das animalische Stammhirndenken („Es") überlappt vielfach das kognitive Großhirndenken („Über-Ich"). Mediale Vorbilder aus Film und Fernsehen verstärken noch den Trend zu „Sex and Crime" – unterhaltsam aufklärende Gegenmodelle fehlen.

Der amerikanische Historiker und Sozialkritiker Christopher LASCH (1932-1994) meint, dass in einer von großen bürokratischen Organisationen und Massenmedien beherrschten Gesellschaft, in der Familien als Übermittler der Kultur keine bedeutende Rolle mehr spielen, die Menschen das Gefühl für die Verbundenheit mit der Vergangenheit und ihren Solidargemeinschaften verlieren:

„Die herrschenden gesellschaftlichen Bedingungen brachten also narzisstische Persönlichkeitszüge zum Vorschein, die, in unterschiedlichen Gradabstufungen, in jedem Menschen vorhanden waren: eine gewisse, dem Selbstschutz dienende Oberflächlichkeit, Angst vor bindenden Verpflichtungen, die Bereitschaft, alles hinter sich zu lassen, sobald sich das Bedürfnis danach einstellt, den Wunsch, sich alle Optionen offenzuhalten, Abneigung gegen Abhängigkeit von anderen, Unfähigkeit zu Loyalität oder Dankbarkeit."[21]

Narzisstisch Gestörte achten vor allem auf ihre eigenen Bedürfnisse und nicht auf die anderer – und sie können gar nicht anders, weil sie nicht genügend Sicherheit in sich haben.

Nach der so genannten Bedürfnispyramide von Abraham MASLOW (1908-1970) muss immer erst das grundlegende Bedürfnis gesättigt werden, damit der Hunger nach dem nächstfolgenden drängend wird; also müssten

- zuerst die existenziellen Bedürfnisse (vor allem die physiologischen wie essen und trinken, die sexuellen zähle ich nicht dazu[22], weil Mangelernährung nachweislich zum Erlöschen der Sexualhormonausschüttungen führt) befriedigt werden, damit man beginnt, sich seinen
- Sicherheitsbedürfnissen (z. B. einen sicheren Schlafplatz zu haben aber auch nach Ordnung und verlässlichen Strukturen) zuzuwenden, danach kämen erst die
- sozialen Bedürfnisse nach Zugehörigkeit, Wertschätzung und Liebe, und zuletzt
- das Streben nach Selbstverwirklichung, Wissen und Verstehen und nach Ästhetik zum Tragen[23].

Sicherheit kann objektiv bewertet werden oder subjektiv gefühlt. Man muss schon recht selbstsicher sein, um die Konfrontation

---

21 C. LASCH, s.o, S.334
22 R. A. PERNER, „Heute schon geliebt?", S. 36, und „Die Wahrheit wird euch frei machen", S. 86 ff.
23 A. MASLOW, „Motivation und Persönlichkeit", S. 62 ff

mit den Unsicherheitsgefühlen und daraus erwachsenden Handlungen respektvoll wahrzunehmen und adäquat – sozial kompetent – zu beantworten; denn immer wenn zwei subjektive „Wahrheiten" aufeinander prallen, besteht die Gefahr, „Einheit" durch Vernichtung der oppositionellen Seite herzustellen. Ich habe das oft erlebt und nenne diese Dynamik das „Kain-und-Abel-Spiel"[24]. Es findet meist in Dyaden statt aber ebenso auch in Gruppen und großen Sozietäten. Um der Gefahr der Vernichtung durch den Stärkeren, Mächtigeren zu entgehen, wechseln viele instinktiv aus der gefährlichen Gegenposition an die Seite oder in den Rückhalt des Bedrohenden. Identifikation mit dem Aggressor heißt das in der Sprache der Psychoanalyse; besonders häufig tritt diese Form der Abwehr existenziell bedrohlicher Gewalt bei Kindern auf, die ihre trivial und/oder sexuell misshandelnden Eltern verteidigen[25]. Es bleibt ihnen ja auch nichts anderes übrig, als sich zu suggerieren, sie selbst hätten Schuld daran, dass ihre geliebten Eltern so gar nicht liebevoll wären – denn die Erkenntnis, dass Eltern nicht liebevoll sondern gefährlich grausam sind, wäre unerträglich.

Eben aus dieser Identifikation erwächst die große Wahrscheinlichkeit, dass die selbst erlittenen Miss-Handlungen unreflektiert weiter gegeben werden. So zeigten Befragungen von David FINKELHOR und MitarbeiterInnen an männlichen Überlebenden von sexuellen Gewalterfahrungen, dass diejenigen, die nicht mit ihren Ausbeutern identifiziert waren sondern eine distanzierte ablehnende Haltung einnahmen, selbst keine Übergriffe auf Kinder oder Jugendliche tätigten, während diejenigen, die ihre Täter entschuldigten, selbst wieder zu Tätern geworden waren.

In den Medien wird in solchen Fällen überschnell der Begriff des so genannten Stockholm Syndrom[26] genannt. Im Stockholm

---

24 R. A. PERNER, „Kultur des Teilens", S. 135 ff.
25 A. MILLER, „Du sollst nicht merken", S. 9 ff.
26 Die Bezeichnung bezieht sich auf das Verhalten der Geiseln während und nach einem Banküberfall 1973 in Stockholm, die sich emotional mit den

Syndrom wird aber der Täter nicht bloß zur eigenen Sicherheit entschuldigt oder rechtfertigt, er wird geliebt, unterstützt und alle, die ihn bedrohen wie etwa die Vertreter der Staatsgewalt, werden bekämpft.

Können wir also die Identifikation mit dem Aggressor als instinkthaften Positionswechsel zur Bewahrung der eigenen Unversehrtheit verstehen, kann sich diese Parteinahme als getreue ideologische Gefolgschaft verewigen. Dann wird diese Geisteshaltung nicht nur etwa im Erziehungsverhalten gegenüber Kindern sondern ebenso MitarbeiterInnen gegenüber eingehalten.

Gruppendruck

Oft ist es aber die Identifikation mit der vermuteten „Vorgaberegel"[27]: darunter versteht man das „starke Bedürfnis, sich nicht durch Aus-der-Reihe-Treten von der Gruppe zu trennen"[28]. Das kann eine reale Gruppe sein, eine, die tatsächlich anwesend ist oder mit der man später wieder vereint sein wird, es kann aber auch eine fantasierte – sozusagen unsichtbar anwesende – Kontroll- und Kritikgruppe sein, deren Negativurteil befürchtet wird und die damit das Verhalten beeinflusst.

Der Psychologe Gerd GIGERENZER, Direktor am Max-Planck-Institut für Bildungsforschung in Berlin, zitiert in seinen Überlegungen zu moralischem bzw. unmoralischem Verhalten den Historiker Christopher BROWNING, der in seinem Buch „Ganz normale Männer" den Motiven des „Gemisch von Rechtfertigungen, Entschuldigungen und Lügen"[29] der Angehörigen

---

Geiselnehmern gegen die Polizei verbündeten. Dieser „Frontwechsel" wird üblicherweise als Versuch interpretiert, die absolute Machtlosigkeit zu bewältigen. Er darf nicht mit strategischem Wohlverhalten gegenüber den Tätern oder resignativer Passivität verwechselt werden.

27 G. GIGERENZER, „Bauchgefühle", S. 196
28 G. GIGERENZER, s. o., S. 193
29 G. GIGERENZER, s. o., S. 192

des Reserve-Polizeibataillons 10 nachgingen, denen nach dem Zweiten Weltkrieg wegen der Massenerschießung jüdischer Frauen, Kinder und Greise der Prozess gemacht wurde. Ihr Kommandant hatte ihnen die Wahl gelassen, sich diesem Auftrag zu entziehen. Er fand weniger Antisemitismus oder Autoritätsgläubigkeit als Sorge um das berufliche Fortkommen und Angst vor Vergeltungsmaßnahmen anderer Offiziere. Er hält fest:

> „Doch er gelangt zu dem Schluss, dass es eine andere Erklärung gibt, nämlich die besondere Identifikation von Männern in Uniform mit ihren Kameraden. Viele Polizisten schienen einer sozialen Faustregel zu folgen: *Tanz nicht aus der Reihe*. ... Aus der Reihe zu treten bedeutet, das Gesicht zu verlieren, indem man Schwäche zugab und den Kameraden mehr als den ihnen zustehenden Anteil an der hässlichen Aufgabe auferlegte."

Und: „In praktisch jedem sozialen Kollektiv übt die Gruppe, der eine Person angehört, gewaltigen Druck auf deren Verhalten aus und legt moralische Wertmaßstäbe fest."[30] Ähnlich konnte die Psychologin Gerda MAIBACH in ihrer Studie „Polizisten und Gewalt" nachweisen, wie die Einstellung der jeweiligen Führungskraft illegale Übergriffe gar nicht erst aufkommen oder im Gegensatz als tolerabel erscheinen ließ. In diesem Sinne resümiert auch der Düsseldorfer Polizeipräsident Hans LISKEN in seinem Nachwort:

> „Es gibt zwar Organisationsgesetze, die aber eher Organisationsmacht verleihen als Organisationsinhalte vorgeben. ... Ob Polizeidienststellen ‚selbstbestimmt' arbeiten, sich also aufgrund eigener Reflexionen über ihre Aufgaben und deren Bewältigung den Konfliktbereichen zuwenden, oder ob sie ‚von oben', also fremdbestimmt ‚zum Einsatz' kommen, hängt nach wie vor vom ‚Chef' ab."[31]

---

30 G. GIGERENZER, s. o. S. 193 (Kursivsetzungen im Original)
31 G. MAIBACH, „Polizisten und Gewalt", S. 198

Es gibt zwei Arten von Korpsgeist:
- den „übersicheren"[32], auftrumpfenden, mit dem „Untersicherheit" kompensiert wird (wer nur „untersicher" ist, schließt sich ohnedies nur der Autorität bzw. Mehrheit an),
- und den balanciert sicheren, der Unsicherheit bereits integriert hat: er entspricht dem Zustand der Zentriertheit, in dem man beide widersprüchlichen Seinsweisen in Einklang (coincidentia oppositorum) gebracht hat, daher keinen Energieverlust erleidet durch Bemühungen, unerwünschte Gedanken, Fantasien, Gefühle oder Empfindungen zu verjagen, denn: sie bei sich wahrzunehmen ist eines – sie handelnd auszuleben etwas anderes.

Widerstand gegen geäußerte oder auch nur vermutete Gruppenmeinung braucht auch erst ein Vorbild. Vielfach wird zwar Zivilcourage eingefordert – aber vorgelebt oder modellhaft erklärt wird sie nicht.

In der Zeit, in der ich Vorsitzende der Österreichischen Gesellschaft für Sexualforschung war, erlebte ich in einer Vorstandssitzung wütende Attacken eines meiner Stellvertreter. Er hatte einige – unwahre – Aussagen eines meiner anderwärtigen Auftraggeber als Illoyalität ihm gegenüber interpretiert, ließ sich nicht aufklären, brüllte mich nieder und drohte schlussendlich, mich medial zu vernichten, was er dann auch versuchte, ihm aber nicht gelang. (Dass der doppelzüngige Auftraggeber im Jahr darauf wegen noch anderer Verleumdungen seinen Job verlor, erfuhr er wohl nicht mehr, sonst hätte er mich eigentlich rehabilitieren müssen.) Die anderen Vorstandsmitglieder saßen stumm dabei – bremsten weder Stil und Tonfall noch bestanden sie auf sachliche Klärung. Als ich später nachfragte, wieso mir niemand beigestanden wäre, wo doch einige es sogar besser gewusst hätten, sagte einige, sie wären so schockiert gewesen, dass sie nicht klar denken konnten. Andere klagten nur, was hätten sie denn tun sollen...

---

32 Vgl. F. ENGLISCH, „Es ging doch gut – was ging denn schief?", S. 19

Andju Sara LABUHN listet in ihrer Abhandlung über Zivilcourage folgende Faktoren auf, weshalb Personen nicht helfen:
- Gefährdung für die helfende Person: je stärker Personen fürchten müssen, selbst zum Opfer von Gewalt – ich ergänze aus meiner Erfahrung: nicht nur physischer sondern auch verbaler oder finanzieller Gewalt oder anderer Racheaktionen wie beispielsweise von Medienschelte – zu werden, werden sie weniger wahrscheinlich eingreifen.
- Zeitdruck: wer glaubt, „spät dran" zu sein, eilt mit größerer Wahrscheinlichkeit an einem Opfer vorüber. Ich ergänze dazu: ein ähnliches Motiv liegt in der Hoffnung, durch Ignorieren unangenehme Situationen verkürzen zu können.
- Unangenehme emotionale Konsequenzen und aversive Zustände: das trifft laut Labuhn vor allem bei nötiger Erster Hilfe zu, wo viele unvertrauten Eindrücken, ich formuliere: Stress, ausgesetzt sind oder etwa auch „nur" Angst vor Kontakt mit Blut, Schmutz etc. haben.
- Konflikte mit sozialen Normen und Regeln: Dazu schreibt LABUHN: „Es sind Situationen denkbar, in denen helfendes Verhalten nur unter der Missachtung sozialer Normen oder Regeln möglich ist." Sie zitiert als Beispiel den Eintritt in einen verbotenen Raum.[33]
- Ich füge dem noch zu: mangelnde Modellkenntnis, mangelnde soziale Kreativität und mangelnde soziale Kompetenz.

Als ich vor etwa zwanzig Jahren ein Supervisionsseminar für BewährungshelferInnen gestaltete, fiel mir wiederholt auf, dass immer wieder offensichtliche Sprechansätze nach einem kurzen Kontrollblick zur teilnehmenden Teamleiterin unterblieben. Ich entschloss mich darauf, die Frage zu stellen, ob es irgendwelche Erfahrungen gäbe, dass es gefährlich sei, bestimmte Inhalte anzusprechen – solche vielleicht, die der Leiterin unlieb wären. „Nein nein", kam die einstimmige Antwort. Die Leiterin

---

33 A. S. LABUHN, „Zivilcourage", S. 79 ff.

schaltete sich sofort ein und sagte in scharfem Ton, in ihrem Team könne man offen über alles sprechen und ich solle nicht fantasieren oder Zwietracht säen – sie wäre immerhin auch Psychotherapeutin so wie ich. Ich zögerte: Rückzug oder Selbstbehauptung? Ich entschied mich für mich und meine Wahr-Nehmung und fragte – zuerst, was das mit Psychotherapie zu tun hätte, wir wären ja nicht in einem Arbeitsvertrag, wo es um Heilung krankheitswertiger Leidenszustände ginge, dann aber noch einmal konkret in die Runde: „Bin ich wirklich die einzige, die subtile Unterdrückung – jetzt sogar offene – wahrnimmt?" Vorsichtig sagte darauf hin eine der anwesenden Sozialarbeiterinnen: Naja, sie sähe das schon auch so wie ich... worauf auch die anderen einstimmten. Für mich war das damals das erste Mal, dass ich wagte, mich nicht klassisch psychoanalytisch abstinent oder „diplomatisch" zu verhalten. Ich musste also sozial kreativ für mich ein eigenes neues Verhaltensmodell erfinden.

Für damalige Verhältnisse ein Tabubruch – für mich der Beginn konsequenter „Entdeckungen": enthüllen, was verdeckt ist (und oft nach dem Wunsch der jeweiligen Machthaber auch bleiben soll). Öffentlich machen, d. h. auch: eine neue Öffentlichkeit schaffen, die alte durch Gegenöffentlichkeit erweitern. Dafür braucht man vielfach supervisorische Unterstützung, damit die Phänomene zur Sprache gebracht werden können, die mangels Modell, Mut und Bereitschaft, negative Konsequenzen (wie Auftragsverlust) auf sich zu nehmen, sonst der Schweigespirale zu Opfer fallen.

Solidarität muss man einfordern – sie ist – derzeit noch oder, historisch betrachtet, wieder – eine Holschuld; eine Bringschuld wird sie wohl erst, wenn man dafür Lob und Preis einheimsen kann oder umgekehrt, sicher damit rechnen muss, Anerkennung zu verlieren.[34]

„So segensreich die öffentliche Meinung als Sittenwächterin für das Gemeinwesen erscheint, so verhängnisvoll ist ... ande-

---

34 Im österreichischen Strafrecht ist „unterlassene Hilfeleistung" ein Straftatbestand – dennoch gibt es kaum Verurteilungen.

rerseits ihr Einfluss auf den einzelnen.", schreibt die Publizistikprofessorin Elisabeth NOELLE-NEUMANN, und:

> „Das Verhängnis erwächst aus dem Bedürfnis der Menschen, sich auszuzeichnen, aus der ‚Liebe zum Ruhm' ... oder doch auch bescheidener einfach aus dem menschlichen Bedürfnis nach Anerkennung, gesellschaftlicher Geltung, Prestige, sich positiv von anderen abheben."[35]

Was hier so eitel klingen mag, ist unreflektiertes kindliches – „untersicheres" – Suchen nach Bestätigung durch die jeweilige Autorität aber auch nach Orientierung: „Bin ich eh OK?" Oder wie KlientInnen in der psychotherapeutischen Praxis fragen: „Bin ich eh normal?" Damit wird einem oder auch mehreren Anderen die Macht der Definition gegeben und damit wird man oft selbstverschuldet Opfer von Dogmatikern oder Gesinnungsterroristen.

Ich war in jungen Jahren drei Wahlperioden Kommunalpolitikerin und erlebte etliche Male Versuche, mir Näheverbote zu anderen Parteien aufzuerlegen. Den Sinn sehe ich rückblickend in der Verhinderung der Konfrontation mit und allfälligem Respekt von alternativem Gedankengut. Es wäre sonst wohl nicht so leicht, Feindbilder aufzubauen. Als ich dann 1987 nicht mehr für den Wiener Landtag kandidierte – vor allem weil ich mich als Psychotherapeutin parteipolitisch neutralisieren wollte und daher auch voll Interesse Veranstaltungen anderer poltischer Gruppierungen besuchte, ja auch für sie Bildungsarbeiten übernahm – war ich überrascht, wie sehr deren Realität von dem abwich, was ich in den Schulungen meiner Partei als Charakterbild und Denkweise „der Anderen" indoktriniert bekommen hatte.

Der Linzer Wirtschaftsprofessor und NLP-Experte Walter ÖTSCH zeigt in seinem „Handbuch für Demagogie" an Hand der Sprache eines rechtspopulistischen Politikers die „Erfolgs-

---

35 E. NOELLE-NEUMANN, „Öffentliche Meinung", S. 119

strategie", die (soziale) Welt in zwei Teile zu teilen: „in DIE WIR und in DIE ANDEREN"[36]. Er schreibt: „Das Demagogische ist nicht die Einteilung als solche. ‚Wir und ‚andere' sind Alltags-Begriffe, jeder verwendet sie. Wir benötigen sie, um zu wissen, wer wir sind und zu wem wir gehören: zu den Männern oder zu den Frauen, zu den Jungen oder zu den Alten, zu dieser Firma oder zur Konkurrenz. Demagogische Politik verwendet die Einteilung nach ‚wir' und ‚anderen' in einer spezifischen Weise. Merkmale sind:

- DIE WIR und DIE ANDEREN werden radikal getrennt. Es gibt (fast) keine verbindenden Merkmale. DIE ANDEREN sind völlig anders.
- DIE ANDEREN werden mit einer aggressiven und ausgrenzenden Sprache belegt.
- DIE WIR erscheinen nur als GUT, DIE ANDEREN ausschließlich als BÖSE.
- Die Beziehung zwischen DEN WIR und DEN ANDEREN ist ein Kampf zwischen FEINDEN.
- In der politischen Werbung überwiegen Negativ-Themen. Es geht gegen DIE ANDEREN.
- Demagogische Politik aktiviert gezielt Ängste und nützt sie für politische Absichten ..."

Dieses künstliche Schaffen emotional aufgeladener Fronten gehört zum traditionellen Repertoire von Politikern, findet sich aber ebenso in gespaltenen Familien oder gespaltenen Firmen (dort trennt die „Front" meist Produktion und Marketing). In meiner Stamm-Universität gibt es eine ähnliche Spaltung zwischen naturwissenschaftlichem und humanwissenschaftlichem Zweig. Erfahrene FamilienmediatorInnen oder OrganisationsentwicklerInnen wissen, dass auch die Erweiterung auf eine kollektive Dreierführung, wie sie in Krankenanstalten üblich geworden ist, selten dauerhaft Entspannung dieser polaren Kampfstimmung bringt; dazu müssen die Reviere und Distan-

---

36 W. ÖTSCH, „Haider light. Handbuch für Demagogie", S. 15 ff.

zen zwischen ihnen größer werden und Kooperation muss als sinnvoll erkannt und echt gewollt sein, so dass funktionales Zusammenspiel und ein echtes Kraftfeld entsteht. Dann stellen sich meist auch Leistungsstolz und andere Lustgefühle ein. Das gelingt in Institutionen meiner Erfahrung nach meist erst mit einem Quaternium.

Gefühle sind hoch ansteckend – deswegen wird taktisch versucht, sachliche Interessensgegensätze zu emotionalisieren. Dadurch wird einerseits intern das Energieniveau und extern die „Strahlkraft", die Attraktivität, andererseits aber auch die Angst, zur energetisch unterversorgten Gegengruppe zu gehören, erhöht. NOELLE-NEUMANN schreibt:

„Die Rolle der emotionsgeladenen Masse im Prozess öffentlicher Meinung – eines Prozesses, der immer Durchsetzung eigenen Wertes anstrebt – müsste um so deutlicher werden, je mehr es sich um eine ‚organisierte Masse' handelt, eine – im Gegensatz zu primitiven, spontanen, unorganisierten Massen – dauerhaftere Bildung mit bestimmten Ziel und mit einer Führungsfigur oder Führungsgruppen, die die Bildung einer konkreten, einer ‚wirksamen Masse' vorsätzlich herbeigeführt oder vorsätzlich wiederholt haben."[37]

Und kurz darauf ruft sie in Erinnerung: „Jeder Zustand der Gleichrichtung mit vielen anderen erregt den Menschen, und meistens begeistert er ihn".[38] Psychotherapeutisch erklärt sich das so, dass durch die Gleichschaltung der Gehirnstrommuster ein quasiorgastischer Verschmelzungsprozess hergestellt wird, in dem die einzelne Person die Bewusstheit ihrer abgelösten Individualität (und damit auch das Zeitgefühl[39]) verliert; sie taucht gleichsam in das „ozeanische Gefühl" des Einsseins mit

---

37 E. NOELLE-NEUMANN, s. o., S. 163
38 E. NOELLE-NEUMANN, s. o., S. 164
39 Vgl. OSHO, „Sex – das missverstandene Geschenk", S. 65

etwas Größeren ein; Sigmund FREUD hat dazu als Parallele die Symbiose des Ungeborenen im Mutterleib, aber auch die fantasierte Einheit mit Gott in religiöser Ekstase aufgezeigt.

Dieses euphorische Größengefühl führt meist auch zu Realitätsverlust; man ist „abgehoben", fühlt sich „erhaben" (statt „nieder gedrückt"), kann auf die „Stinos" (die „Stinknormalen"), denen man sich nicht mehr zugehörig fühlt, herabsehen und sie auch herabsetzen und landet meist im Alltagsdogmatismus. Der Psychoanalytiker Bertram D. LEWIS betont,

> „dass die Hochstimmung mit Sicherheit ebenso wie die Depression eine narzisstische Neurose ist und ihre genetischen Wurzeln ebenfalls in die Oralerotik reichen. Inkorporation (Einverleibung) und Identifizierung spielen für beide Zustände eine große Rolle, und der Status des manischen Über-Ichs ist das Gegenstück zum melancholischen Über-Ich."[40]

Oralerotik bedeutet das lustvolle Saugen an der Nahrung bzw. Zuwendung spendenden Kraftquelle; in der so genannten oralen Phase der psychosexuellen Entwicklung des Kindes ist dieser Quell die Mutter oder diejenige Person, die „muttert"[41], löst man sich nicht rechtzeitig aus dieser Abhängigkeit und erkennt die eigenen Möglichkeiten, sich mit Energie zu versorgen, tendiert man späterhin zu analoger „Anhänglichkeit". Manche Religionsgesellschaften oder politische Parteien nützen dies gezielt aus, aber auch in Paar- oder Berufsbeziehungen wird derart realitätsblinde Identifikation als Treue hochgelobt – bis einem der „Anhang" lästig wird. In der psychoanalytischen Säuglingsforschung[42] geht man davon aus, dass sich das Baby mehr als ein halbes Jahr mit seiner Mutter (Bezugsperson) „eins" fühlt und erst so um das achte Lebensmonat („Acht-Monats-Angst")

---

40 B. D. LEWIS, „Das Hochgefühl", S. 15
41 Vgl. N. CHODOROW, „Das Erbe der Mütter", S. 20 ff.
42 Vgl. R. SPITZ „Vom Säugling zum Kleinkind", S. 167 ff.

beginnt, zwischen Ich und den Anderen zu unterscheiden, daher auch zu „fremdeln". Wenn jemand also das Gefühl des Getrenntseins, der Einsamkeit schwer erträgt – was bei einem Erwachsenen als pathologisch anzusehen wäre – wird er oder sie sich einer Elternersatzfigur oder -gruppe mit Freuden „einverleiben" um sich mit dem bewunderten „Größeren" Sicherheit spendend „eins" fühlen zu können. Daraus folgt: man selbst hat immer Recht, glaubt man, denn wer in diesem Gefühl schwelgt, kann nicht unrecht haben.[43]

Der englische Sozialphilosoph Joseph GLANVILL (1636-1680) konstatierte in seinem Traktat über die Eitelkeit des Dogmatisierens:

> „Die Dogmatiker halten nichts anderes für möglich, als was ihnen richtig erscheint und gleichsam von Kindesbeinen an als das einzig Denkbare schien. Es muss schon jemand verschiedene Meinungsklimata erfahren haben, um sich von dieser Eitelkeit zu lösen."[44]

„Die siegessichere Fraktion ist redebereit, die Verlierer tendieren zum Schweigen" erklärte Elisabeth NOELLE-NEUMANN bereits 1982[45]. Als Motiv dahinter sieht sie die Isolationsfurcht. So zitiert sie den Satz des französischen Historikers und Politikers Alexis de TOCQUEVILLE (1805-1859), „Da sie die Absonderung mehr als den Irrthum fürchten, so gesellten sie sich zu der Menge, ohne wie diese zu denken..."[46] Allerdings stimme ich ihr nicht zu, wenn sie meint, „Seine soziale Natur veranlasst den

---

43 Kann er auch nicht: denn wenn wir der Struktur C. G. JUNGS von den vier Grundformen des Bewusstseins mit den Gegensatzpaaren Denken und Fühlen sowie körperlich Empfinden und Intuieren folgen, bringt Gefühlsüberschwang immer gleichzeitig den Verlust des vernünftigen Denkens und damit auch die Fähigkeit, zwischen Alternativen zu unterscheiden oder gar eine Wahl zu treffen. Juristisch wäre dies aber ein Zustand von Unzurechnungsfähigkeit.
44 Zitiert nach E. NOELLE-NEUMANN, s. o., S. 109
45 E. NOELLE-NEUMANN, s. o., S. 40
46 E. NOELLE-NEUMANN, s. o., S. 61

Menschen, die Absonderung zu fürchten, unter anderen Menschen geachtet und beliebt sein zu wollen."[47]

In meinen gruppenanalytischen Beobachtungen konnte ich deutlich erkennen, dass es vor allem darum geht, in der Gruppe eine klar erkennbare und stabile Rolle einzunehmen; diese kann auch die des Missachteten oder Unbeliebten sein – Hauptsache sie ist verlässlich gleichbleibend. Möglicherweise immer schon Gewohnheit – je nach den Prägungen der Kindheitserfahrungen. Abweichende Erlebnisse können dann tiefe Verstörung, ja sogar „Entzugserscheinungen" auslösen. Deswegen braucht man ja in der Sozialpädagogik so extrem viel Geduld, „treu" auf den Zeitpunkt zu warten, bis sich traumatisierte Kinder und Jugendliche an das Fehlen von Gewalt gewöhnt haben, eine quasi allopathische Heilmethode anzuwenden.

Strokes

Absonderung und Isolation sind keine identischen Begriffe: in der Absonderung bleibt man immer noch im sozialen Nahebereich, bleibt erkennbar, zieht Reaktionen auf sich; in der Isolation fehlt all dies; das muss aber nicht negativ empfunden werden: denn es wird entweder selbstbestimmt auf soziale Nähe (und damit Rückmeldungen) verzichtet, oft aus Elitebewusstsein, oft aber auch aus strategischen Gründen; oder sie wird absichtlich etwa als Strafe vorenthalten bzw. auf länger Zeit („zur Besserung") oder andauernd entzogen. Dann weiß man üblicherweise auf Grund welcher Ereignisse und kann sich unterwerfen, oder verzeihen, oder aber auf Rache sinnen oder sich dem Hass hingeben, je nachdem, welche Verhaltensweise das eigene Überleben nährt, also salutogene Wirkung zeigt. Dennoch möchte ich einen dritten Begriff zufügen, dessen Erleben kaum ohne schwerste psychische Schädigung überstanden werden kann: die soziale Vernichtung. Mit ihr wird die betroffene Person zum Nichts gemacht.

---

47   E. NOELLE-NEUMANN, s. o., S. 64

So erinnere ich mich an einen Analysanden, der es gewagt hatte, sich von seiner religiösen Gemeinschaft, den Zeugen Jehovas, zu trennen. Von diesem Zeitpunkt an wurde er ignoriert, nicht mehr gegrüßt, nicht mehr angesehen, es wurde mit ihm nicht mehr geredet, nicht einmal in Hinblick auf nötigste Alltagsverrichtungen wie etwa die gemeinschaftliche Müllentsorgung – und das alles in einer Siedlung, die überwiegend von Angehörigen dieses Bekenntnisses bewohnt war. Mobbing im großen Stil!

Ähnliche Strategien werden oft angewendet, wenn es gilt, „widerspenstige" – ich formuliere: um Selbstbehauptung ringende – Kinder zum Gehorsam zu disziplinieren. Kinder haben in der „kleinsten Zelle" des Staates, nämlich der Familie, selten eine Schutzperson anwesend, die gegen inhumane Erziehungsmethoden einschreitet. Und andere kennen viele „Erziehungsberechtigte" nicht und handeln daher unreflektiert – weil im gutgläubigen wenn vielleicht auch böswilligen Vertrauen auf die Richtigkeit des selbst Erlebten – im Wiederholungszwang.

Menschen brauchen wie alle Lebewesen zu ihrem Überleben Energie – nicht nur die aus Nahrung und Sonnenlicht, sondern auch psychische Zuwendung. Eric BERNE (1910-1970), der Begründer der psychotherapeutischen Schule der Transaktionsanalyse, hat dafür verschiedene Arten von „Hunger" beschrieben – den Stimulus-Hunger etwa oder den „recognition hunger", üblicherweise übersetzt mit Hunger nach Anerkennung.[48] Ich übersetze lieber mit: Hunger, wahrgenommen zu werden, weil Anerkennung so leicht mit Lob verwechselt wird. Dass emotionale Unterversorgung bei Säuglingen trotz bester hygienischer Betreuung zu Gedeihstörungen, Krankheit, ja sogar Tod führen kann, hat René SPITZ (1887-1974)[49] aufgezeigt und viele nach ihm nachgewiesen, aktuell auch Bruce PERRY[50].

---

48 I. STEWART/V. JOINES, „Die Transaktionsanalyse", S. 116 ff.
49 R. SPITZ, s. o., S. 289
50 B. PERRY/M. SZALAVITZ, s. o., S. 275 ff.

BERNE wählte das Wort „stroke"[51], um das Bedürfnis des Säuglings nach körperlicher Berührung zu verdeutlichen; als Erwachsene sollten wir bereits mehrere andere Formen zur Befriedigung dieses Grundbedürfnisses nutzen gelernt haben. Die Transaktionsanalytiker STEWART und JOINES schreiben: „Ein Lächeln, ein Kompliment oder auch ein vorwurfsvoller Blick oder gar eine Beleidigung – all das zeigt uns doch, dass unsere Existenz zur Kenntnis genommen worden ist."[52] Sie unterscheiden:

a) Verbale und nonverbale Strokes
Zu den (positiven) nonverbalen Strokes zählen sie Winken, Nicken, Händeschütteln oder Umarmen. Da wir aber, Zitat Paul WATZLAWICK (1921-2007)[53], „nicht nicht kommunizieren können", wirkt das Vorenthalten positiver nonverbaler Strokes wie ein beabsichtigter negativer Stroke – eben weil das in der Kindheit erlernte „Skript"[54] noch nicht vernichtet wurde. Soziale Kompetenz zeichnet sich eben dadurch aus, dass man einfühlsam auf seinen eigenen Stroke-Quotienten zu achten, um den anderen eine „hinreichend" positive Stroke-Bilanz zu bieten (was wiederum auf einen selbst positiv zurück wirkt).

Aus eben diesen Gründen ist es so wichtig, Korrespondenzen, auch elektronische, in angemessener Frist zu beantworten oder zumindest Erklärungen für Nicht-Reaktionen anzubieten.

---

51 „Stroke" bedeutet im Englischen nicht nur „Streich" als sanfte Berührung – dementsprechend die deutsche Übersetzung „Streicheleinheit" – sondern auch als harter Schlag wie in „Backenstreich".
52 I. STEWART/V. JOINES, s. o., S. 117
53 P. WATZLAWICK et. al., „Menschliche Kommunikation", S. 51
54 Mit dem Fachwort Skript wird in der Transaktionsanalyse „ein komplexes System von Transaktionen" bezeichnet, „das wiederholt auftritt, jedoch nicht notwendigerweise wiederholbar sein muss, da eine ‚Skript-Sequenz' auch die gesamte Lebenszeit eines Menschen umfassen kann. ... Ziel der Skript-Analyse ist es, ‚das begonnene Spiel zu beenden und mit einem besseren zu beginnen'." (C. STEINER, „Wie man Lebenspläne verändert", S. 27

b) Positive und negative Strokes
Sie unterscheiden sich nach der Art von Gefühlen, die sie auslösen – angenehmen oder unangenehmen. STEWART/JOINES pointieren mit einem Beispiel: Ein Nachbar grüßt den anderen mit „Schönes Wetter heute!" und der andere antwortet „Wirklich!" – dann haben beide positive Strokes ausgetauscht. Reagiert der Nachbar aber mit einem bösen Blick, hätte er einen negativen Stroke gegeben. „Intensiver wäre der nonverbale Stroke dann gewesen, wenn er dir unerwartet einen Kinnhaken versetzt hätte. Einen verbalen negativen Stroke gibt er dir dann, wenn er auf dein freundliches ‚Schönes Wetter, gelt?' hin sagt: ‚Na und?' oder ‚Schon, schon, bis Sie jetzt aufgetaucht sind.'"[55]

Wenn man nun aber meinen würde, dass jeder Mensch sich stets um positive Strokes bemühen und negative vermeiden würde, irrt man, denn in Wirklichkeit gilt: „Jede Art von Stroke ist besser als überhaupt kein Stroke". STEWART/JOINES zitieren dazu Tierversuche mit Rattensäuglingen: die eine Gruppe bekam täglich einige Male Elektroschocks, die andere nicht; zur Überraschung der Forscher entwickelte sich die misshandelte Gruppe besser als die ignorierte.[56]

c) Bedingte und bedingungslose Strokes
Ein bedingter Stroke bezieht sich auf ein Tun, ein bedingungsloser auf die Person. STEWART/JOINES bringen folgende Beispiele:
·Positiv und bedingt: „Das haben Sie aber gut gemacht!"
·Positiv und bedingungslos: „Es ist so schön, dass du da bist."
·Negativ und bedingt: „Ihre Strümpfe gefallen mir nicht."
·Negativ und bedingungslos: „Ich hasse dich."

Genau diese beanspruchte Definitionsmacht, eine Person als „faul" (obwohl sie womöglich depressiv ist) oder „feig" (obwohl sie vielleicht an einer Phobie leidet) oder „unprofes-

---

55 STEWART/JOINES, s. o., S. 118
56 STEWART/JOINES, s. o., S. 119

sionell" (obwohl man selbst nicht von der selben Profession ist und keine Berechtigung als Gutachter hat) zu bezeichnen, beweist nicht nur soziale Inkompetenz sondern möglicherweise Selbsterhöhungsstreben, Rachegelüste oder generellen Sozialsadismus. Jemand anderen zu „etikettieren", verletzt dessen Menschenwürde (und damit leibseelische Gesundheit) und nimmt ihm oder ihr jegliche Verbesserungsmöglichkeit außer blindwinselnder Unterwürfigkeit (was ebenfalls die leibseelische Gesundheit schädigt).

d) Unechte oder Plastik-Strokes

STEWART/JOINES machen aber auch darauf aufmerksam, dass manche Menschen die Gewohnheit haben, Strokes zu geben, die anfänglich positiv klingen, im Endeffekt aber einen negativen „Stachel" beinhalten. Als Beispiel bringen sie Sätze wie „Also ich habe den Eindruck, Sie haben das schon verstanden – mehr oder weniger" oder „Der Mantel steht dir gut – hast du ihn gebraucht gekauft?"[57] Ich habe in meiner Zeit als Politikerin immer wieder Sätze gehört wie: „Ja, der hat sich stark eingesetzt – früher." Bekannt sind wohl auch die „Hat-sich-bemüht"- oder „Nach-besten-Kräften"-Formulierungen in Dienstzeugnissen.

e) Stroke-Filter und Diskontierungen.

Wenn ein (durchaus ehrlich gemeinter) Stroke nicht zum eigenen Selbstbild passt, wird er oft „ausgefiltert" oder lächerlich gemacht („diskontiert"). An der Ernsthaftigkeit dieser Bemühung, auch wenn sie lustig klingt, erkennt man, ob es sich um Selbstpersiflage handelt oder um Abwehr, weil einem jemand zu nahe gekommen ist oder gar Rührung aufkommen wollte. STEWART/JOINES bringen als Beispiel eine Gesprächsfolge von „Mir gefällt Ihr Haar!" und „Hm, ja, ja! Ich muss dran denken, dass ich's endlich mal wasche." Sie schreiben:

„Menschen, die eine besonders schmerzhafte Kindheit gehabt haben, haben vielleicht beschlossen, überhaupt

---

57 STEWART/JOINES, s. o., S. 121

keine Strokes reinzulassen. Sie umgeben sich dann mit einem so dichten Stroke-Filter, dass sie praktisch alle Strokes abweisen, die ihnen angeboten werden. Auf diese Weise bewahren sie für ihr Kind-Ich eine gewisse Sicherheit, aber sie berauben sich selbst der Strokes, die sie als Erwachsene völlig gefahrlos bekommen könnten. Wenn sie nicht Wege finden, ihren Stroke-Filter zu öffnen, geraten sie am Ende leicht in Isolierung und Depression."[58]

Dazu ein Beispiel aus meinem Leben: Kurz vor ihrem Tod hatte ich ein sehr intimes Gespräch mit meiner Mutter, in dem ich ihr endlich sagen konnte, wie sehr ich sie immer geliebt hatte. Ich spürte, wie ihr die Tränen hoch stiegen, aber sie wehrte sofort ab und sagten nur: „Keine Sentimentalitäten, bitte!"

In der psychotherapeutischen Arbeit erlebe ich oft, wie Menschen davor zurück scheuen, positive Gedanken, Gefühle oder auch Empfindungen zuzulassen. Ich habe dazu eine eigene Technik entwickelt, wie sie lernen können, diese Gefühle anzunehmen und zu ertragen; ich benütze absichtlich das Wort „ertragen", denn die ungewohnte Gefühlsflut, die jahrelang eingeschlossen war, kann schon in einem Riesenschwall hervorbrechen – und das macht Angst. Ich benutze daher auch gerne in Vorankündigung solch eine Metapher vom „eingerosteten Ventil" oder von der „Blendung durch das Sonnenlicht, wenn man jahrelang im Keller eingeschlossen war", damit klar ist, dass auch hier erst eine neue Neurosignatur der Stressbewältigung „erlernt" werden muss.

Claude STEINER verweist auf fünf einschränkende Regeln, mit denen Eltern ihre Kinder steuern, denn: wenn sie ihnen sagen, dass Strokes knapp sind, dann erhalten sie damit automatisch das Stroke-Monopol. STEINER nennt dies die Stroke-Ökonomie[59]. Die fünf Leitsätze lauten:

---

58 STEWART/JOINES, s. o., S. 123
59 C. STEINER, „Wie man Lebenspläne verändert", S. 134 ff., I. STEWART/V. JOINES, s. o., S. 125

- Gib keine Strokes, auch wenn du gerne möchtest.
- Bitte nicht um Strokes, wenn du welche brauchst. (Dieses Verbot führt vielfach dazu, dass Menschen glauben, keinerlei Hilfe in sozialen Krisensituationen annehmen zu dürfen, daher nicht oder viel zu spät Beratungsstellen aufsuchen.)
- Nimm keine Strokes an, wenn du welche willst.
- Lehne keine Strokes ab, wenn du sie nicht willst. STEINER weist darauf hin, dass vor allem schöne Frauen erst mit der Emanzipationsbewegung sagen durften, „Ich will nicht mehr hören, dass ich schön bin; das weiß ich schon. Haben Sie mir sonst noch was zu sagen?" Er schreibt weiters:

> „Schließlich könnte sie noch – mit der *Erlaubnis*, um eine wirklich angenehme Streicheleinheit zu bitten, hinzufügen: ‚Warum sagen Sie mir nicht, dass ich klug oder stark bin?' Mit Streicheleinheiten für Körperstärke, Verantwortungsbewusstsein, Intelligenz und geleistete harte Arbeit geht es Männern ähnlich. Mit der Emanzipationsbewegung der Männer wird es möglich, solche Streicheleinheiten zurück zu weisen und stattdessen zu fragen: ‚Bin ich ein guter Mensch? Bin ich einfühlsam? Bin ich schön? Bin ich liebenswert?'"[60]

- Stroke dich nicht selbst (bei uns wohl besser bekannt als „Eigenlob stinkt" und „Bescheidenheit ist eine Zier", nachzulesen in vielen Stammbüchern).

Da viele Menschen auch als Erwachsene diesen Regeln folgen, führt das dazu, dass sie sich weitgehend in einem Zustand von Strokemangel befinden und viel Energie darauf aufwenden, sich die überlebensnotwendigen Strokes zu verschaffen – und das geht am leichtesten, indem man selbst negative Strokes austeilt: die Aufmerksamkeit der so Geschädigten ist einem dann sicher. Das ist ein Gutteil der Macht von Institutionen, die sich als

---

[60] C. STEINER, s. o., S. 140

Inhaber eines Strokemonopols ausgeben. STEWART/JOINES schreiben dazu: „es kann sich um den Staat oder um Firmen handeln, um Leute aus der Werbebranche oder aus dem Show-Business. Auch Therapeuten werden bisweilen als Stroke-Lieferanten betrachtet...".[61]

Schwarze Führung

Seitdem Katharina RUTSCHKY ihr Buch „Schwarze Pädagogik", eine Dokumentation pädagogischer Schriften des 18. und 19. Jahrhunderts mit reglementierenden, kontrollierenden und bestrafenden Erziehungsratschlägen, editierte, steht das Beiwort schwarz (im Gegensatz zu weiß oder rosa) in Bezug zu sozialen Beziehungen der Über- und Unterordnung für mangelnde Fürsorglichkeit oder gar Grausamkeit. Viele dieser Rat-Schläge im wahrsten Sinn des Wortes werden auch heute noch angewendet – von hilflosen Eltern, die es nicht besser wissen, leider auch von manchen Lehrkräften und ihren übergeordneten Instanzen und auch von vielen Führungskräften.

Was Stanislaw ANDRESKI über Schulleiter schreibt, kann weitgehend unverändert für andere Personen mit Führungsverantwortung übernommen werden:

„Das Fehlen klarer Effizienzkriterien verursacht eine Anzahl schwerwiegender Folgen; erstens, die Erzieher gewinnen nichts aus einer Qualitätsverbesserung ihres Produktes, d. h. dessen, was sich in den Schulräumen als Erziehungsprozess abspielt, und werden daher mit großer Beharrlichkeit nach jenen Vorteilen streben, die sich für sie aus einer rein quantitativen Erweiterung der von ihnen kontrollierten Institutionen ergeben. Eine zweite Folge besteht – infolge des mangelnden Wissens hinsichtlich des wahren Wertes – darin, dass die Auswahl

---

61 STEWART/JOINES, s. o., S. 125

der verantwortlichen Posten im Rahmen der Erziehungsverwaltung entweder auf Grund der Geschicklichkeit in der Darbietung von Tricks beruht oder auf der Geschicklichkeit, Mittelmaß zu bieten oder zu heucheln, das keinen Anlass zu Neid bietet."[62]

Soziale Kompetenz besteht nicht in einem umfangreichen Repertoire von „Tricks" oder perfektem Manipulieren, auch wenn das dem „Überleben im Stress"[63] dienlich sein kann – denn egal ob man sich verhärtet, andere bekämpft oder gar sozial zu vernichten sucht oder ob man mit allerlei Psychotechniken (Körpersprache, NLP, Mentaltraining, Transzendentaler Meditation, Energizing, ja sogar Schamanismus) versucht, im Alltagsdschungel zum Sieger zu werden bzw. zu bleiben – all das schafft auch nur wieder Stress. Dauerstress. Nicht nur für die anderen – auch für einen selbst.

Es ist meist zu spät, auf der biografischen Zeitlinie die Aufmerksamkeit erst dann und dorthin zu richten, wo man sich sozial bedroht fühlt: es sind immer Situationen, in welchen der Körper Stresshormone ausschüttet. Dabei kann man zwei Auslösetrends registrieren:
- Entweder steht man unter dem innerseelischen Diktat des Perfektionismus; dann will man von vornherein Erste/r sein, koste es was es wolle und setzt alles dran, nicht überrundet zu werden. Nicht immer handelt es sich dabei um einen „Erziehungsschaden". Auslöser kann auch irgendeine beobachtete Konkurrenzsituation sein, in der man ein Vorbild erlebt, oder eine Selbstpräsentation einer anderen Person, die – mit oder ohne verbale Suggestionen – zur Nachahmung motiviert und wie sie heute von Seminarveranstaltungsfirmen oft im Multipack angeboten werden, Stichwort „Lernen von den Besten". Die treten dann auf der Showbühne auf und erzählen, wie toll sie sich selbst an die Spitze gesetzt haben.

---

62 I./S. ANDRESKI, s. o., S. 15
63 Vgl. H. LINDEMAIER, „Überleben im Stress – Autogenes Training"

Wenn man hingegen mit ihren WegbegleiterInnen spricht – und ich hatte etliche davon in meiner Praxis – weiß man, wie viele „Leichen am Wegesrand" sie produziert haben, völlig unnötig, nur aus der Angst heraus, durch Zeitaufwand für sozial kompetenten Umgang, durch soziale Nähe Energie zu verlieren (dabei wäre mit größter Wahrscheinlichkeit das Gegenteil der Fall!). Steckt jemand in der Perfektionismusfalle, will er oder sie auf jeden Fall diesem Gefühl der Einengung und Unfreiheit entkommen – aufatmen können, entspannen – und glaubt, das nur zu schaffen, indem man jede Fremdkontrolle oder Fremdbewertung von vornherein unmöglich macht – etwa durch sozialschädliches Verhalten – so wie ein Iltis seine Duftwolke ausstößt, wenn er in Stress gerät spricht sich bedroht fühlt, oder Raubtiere knurren und die Zähne fletschen, ihr Fell aufstellen und damit ihre Körperform vergrößern, so gibt es zahlreiche menschliche nonverbale wie sprachliche Drohgebärden, von feiner Ironie bis zu bitterbösem Sarkasmus.

- Oder man fühlt sich oder ist tatsächlich anderen unterlegen, sei es fachlich, sei es leistungsmäßig, sei es auch durch soziale Herkunft, Lebensweg, Vernetzung oder Rahmenbedingungen. So jemand fühlt sich dann benachteiligt, klein und will dieses Kleinheitsgefühl kompensieren, ja sogar überkompensieren, indem man die Vergleichsperson/en oder andere quasi als Ersatzpersonen klein macht. Ich habe immer wieder erfahren, wie Fachleute, die in Führungsfunktionen aufgestiegen sind, weiterhin mit ihren MitarbeiterInnen auf der Sachebene heftigst konkurrierten (um sich zu bestätigen, wie gut bzw. besser sie wären), anstatt ihre Führungsaufgabe zu erfüllen: die anderen zu Bestleistungen zu motivieren und zu unterstützen. Führen bedeutet unter anderem auch, die Mitarbeiterschaft mit Energie – Strokes – zu versorgen, also zu „muttern" im Sinne CHODOROWS[64]. Es ist ein längst dank

---

64 Vgl. N. CHODOROW, s. o.: sie beschreibt „muttern" als soziale Tätigkeit des Nährens, Fürsorgens, Schützens, unabhängig vom Geschlecht der jeweiligen ausübenden Person.

der Lernforschung überholter Mythos, zu glauben, Konkurrenz würde motivieren. Sie schafft nur Stress und Panik und führt zum Kampf ums psychische Überleben. Man lernt am besten entspannt, aus Neugier und Interesse, und „in Beziehung" zu fördernden Personen. Dass diese oft die Gruppe der Gleichaltrigen (oder sonst „Gleichen") stellen, führt zu den zunehmenden Peer-Groups und egalitären Lernplattformen. Sie bewähren sich. Das bedeutet aber nicht, dass die Selbstkontrolle im Vergleich mit anderen nicht wichtig wäre. Ganz im Gegenteil – sie zeigt einem, wo man sich verbessern könnte, erweitert das eigene Repertoire an Vorbildern und hilft, zu lernen, entspannt und kooperativ mit Konkurrenz umzugehen. Entspanntes Arbeiten ist nicht nur deswegen so wichtig, weil man damit der angstvollen Verengung[65] in der gesamten Körper- wie Geisteshaltung (verengter Blick, verflachte Atmung, gepresste Stimme, verkrampfte Schulter-Nacken-Muskulatur, verengte Herzkranzgefäße, Übersäuerung des Verdauungsapparats, verbitterte Stimmung, unleidliches Verhalten...) entgegen wirken kann, sondern weil man nur so sein volles leibseelischgeistiges Potenzial ausschöpfen kann, wenn man keine Energie fürs „Zusammennehmen" braucht.

„Weiße" – und damit auch „weise" – Führung bedeutet auf der sozialen Ebene für ein entspanntes, kooperatives und damit friedliches Arbeitsklima zu sorgen. Dann braucht niemand um sein soziales Überleben bangen. Gerade in Zeiten, in denen viele um ihre Arbeitsplätze oder auch den Erhalt ihrer privaten, emotionell aber auch finanziell Sicherheit spendenden Beziehungen zittern, sollte besonders alles vermieden werden, was die leibseelischgeistige Gesundheit – unser aller Garant für unsere Arbeits- und Liebesfähigkeit – gefährden oder zerstören könnte. Soziale Kompetenz bedeutet daher Achtsamkeit, Respekt, Rücksichtnahme. Sie bedeutet nicht Konfliktvermeidung.

---

65 Das Wort Angst stammt vom lateinischen angustiae, die Enge.

Friedfertigkeit – eine Fertigkeit! – funktioniert nur, wenn alle dieses Ziel verfolgen; wenn daher eine/r ausschert, weil er oder sie „Entzugserscheinungen" bekommt, wenn nicht (wie vielleicht von daheim gewohnt) angefeindet oder Krieg geführt wird, so muss dieses Verhalten thematisiert werden – auch wenn man dazu ziemlich viel Zivilcourage braucht. Das gehört zur Sozialkompetenz dazu.

*„Es fällt uns schwer, einzusehen, dass der Welt
unsere Hoffnungen und Befürchtungen gleichgültig sind."*
Bertrand RUSSELL[1]

Soziale Inkompetenz als Selbstheilungsversuch

Machtspiele

Wenn man korrekt, nämlich in einer Fahrschule, lernt, ein Kraftfahrzeug zu lenken, erfährt man vom so genannten Vertrauensgrundsatz: man kann im Straßenverkehr darauf vertrauen, dass sich die anderen an die Regeln der Straßenverkehrsordnung halten. Dennoch sollte man immer darauf vorbereitet sein, dass es zu Fehlverhalten kommt.

Dementsprechend glauben auch viele, sich auch im gesellschaftlichen Verkehr darauf verlassen zu können, dass sich die anderen, so erwachsen, gesetzeskonform verhalten, wohl wissend, dass Unkenntnis nicht vor Strafe schützt und dass die VertreterInnen der Staatsgewalt die einzigen sind, die im Sinne des Gewaltmonopols des Staates körperliche Gewalt ausüben dürfen und das auch nur im Einklang mit dem Gesetz[2].

Normal – der Norm entsprechend – ist, worauf wir, das Volk als gesetzgebender Souverän, in der parlamentarischen Demokratie durch gewählte Mandatare vertreten, uns mehrheitlich geeinigt haben. Normalität beinhaltet die verinnerlichten geltenden Normen, und diese sind aber nur Konstruktionen, die Raum, Zeit, Wissensstand und Machtverhältnissen widerspiegeln und immer wieder geändert werden können – auch wenn die jeweiligen Machthaber aus taktischen oder strategischen Gründen deren Ewigkeitswert behaupten.

---

1 B. RUSSELL, „Moral und Politik", S. 166
2 Behauptete Verstöße von ExekutivbeamtInnen werden vor dem jeweils regional zuständigen Unabhängigen Verwaltungssenat überprüft und gegebenenfalls abgeurteilt.

Gemäß dem Stufenbau der Rechtsordnung unterscheiden wir Bundesgesetze, Landesgesetze, Verordnungen, Bescheide, aber auch Hausordnungen, Usancen, Sitten und Moral. Sie alle beanspruchen – vertreten etwa durch Polizei und Justiz, Vorgesetzte oder Erziehungsberechtigte – Geltung, d. h. Gehorsam, und besitzen dazu ein traditionelles Repertoire an Sanktionen von Verwarnung bis Ausschluss und Isolationshaft; neu ist der Versuch, Normenstarrheit durch so genannte Diversion, Außergerichtlichen Tatausgleich oder Mediation zu ergänzen, wodurch besser – „gerechter" – auf persönliche Hemmnisse oder Unzulänglichkeiten eingegangen und das Potenzial zu friedlicher Einigung erweitert werden soll. Dem zu Grunde liegt der Gedanke, dass der Staat oder andere Obrigkeiten doch in Fällen, wo das sinnvoll erscheint, auf Machtfülle verzichten und Konfliktparteien Gelegenheit zu Selbstbindung anbieten sollen. Selbstbindung setzt allerdings im Gegenzug Verzicht auf Eigenmacht voraus ...

Im klassischen juristischen Denken werden Rechte und Pflichten von einer Autorität (Gott bzw. Prophet, Kaiser, Fürst, Volksvertretung, Eigentümer) aufgestellt („gesatzt"). Historisch betrachtet wurde vorerst nur mittels der so genannten Talion versucht, Selbstjustiz[3] einzuschränken, später begann man immer mehr Konfliktbereiche des täglichen Lebens durchzustrukturieren: wer darf was, wer darf was nicht, was sind die Folgen. Diese Form von Ausschaltung der gestaltenden Mitwirkung der Normadressaten erklärt sich aus der fehlenden Bildung der breiten Bevölkerung bis weit ins 19. Jahrhundert, für Frauen sogar bis ins 20. – und dies, das sollten wir nicht vergessen, auch in der so genannten Ersten Welt[4].

---

3   So bedeutet Talion – die Regel „Aug um Aug, Zahn um Zahn" – nicht, dass man Gleiches mit Gleichem vergelten darf, sondern dass man Gleiches nur mit Gleichem, nicht aber mit mehr, vergelten darf, also nicht für ein Auge beide ausstechen oder für einen Zahn das ganze Gebiss zertrümmern. Talion ist also eigentlich der erste Ansatz einer aggressionshemmenden Aktionsbeschränkung. Dennoch wird sie meist als Berechtigung zur Rache interpretiert.

Wem Bildung gewährt wurde und wem vorenthalten, zeigt bereits ein Machtspiel auf: wem der Respekt der Gleichwertigkeit abgesprochen wird, dem wird nur der Erwerb des lebensnotwendigsten Wissens gestattet und da oft nur in Form von Dressur. Strafe kann in diesem Sinn auch als Versuch definiert werden, jemand zu einem bestimmten Verhalten zu bringen ohne dass man ihm vorab ein nachvollziehbares Modell vorgibt.

In den 1960er Jahren, als ich Rechtswissenschaften studierte, wurde in Staats- und Verwaltungsrecht zwar der formelle Ablauf einer Gesetzwerdung genau durchgenommen, die vielen informellen Möglichkeiten der politischen Willensbildung, bevor es überhaupt zu einem Gesetzesantrag kommt, war hingegen kein Thema. Es blieb also bei politischer Unbildung ... Dieser Mangel wurde erst in den 1970er Jahren behoben, als das „Schwesterstudium" Staatswissenschaften (für das Juristen die Hälfte ihres Studiums angerechnet wurde) zu Politikwissenschaften mutierte – eine der Folgen der Alleinregierung der Sozialdemokraten unter Bruno KREISKY und der erstmaligen Installierung eines Wissenschaftsministeriums unter der Führung von Herta FIRNBERG.

Strafen stellen negative Strokes dar; die „gesunde" Reaktion darauf ist, das Gefühl der Beschämung (nicht zu verwechseln mit selbstinduzierter Scham!) mit einem Gefühl der Resurrektion, der Wiederaufrichtung, zu kompensieren. Dazu dient der Adrenalinausstoß, der Anstieg von Blutdruck und Muskelspannung: der Körper macht sich kampfbereit. Wenn man diese Kampfbereitschaft bewusst wahr nimmt, hat man die Wahlmöglichkeit, wie man dieses innerliche Aufbäumen psychisch und damit auch physisch verarbeiten will – durch eine beruhigende Atemtechnik etwa, durch eine muskuläre Entspannungstechnik, mentale

---

4   D. CADURA-SAF beschreibt in „Das unsichtbare Geschlecht", wie in manchen Ländern der Dritten Welt Wechselbeschwerden von Frauen unbekannt sind und führt dies nicht nur auf andere Ernährungsgewohnheiten zurück sondern auch auf die Tatsache, dass in diesen Fällen Frauen, die nicht mehr Gefahr laufen, geschwängert werden zu können, freizügiger ihr Haus verlassen, ja sogar öffentliche Funktionen einnehmen dürfen.

Visualisierungsmethoden oder durch verbale Autosuggestionen[5] oder auch durch gelassene Kommunikation[6]. Meist bleiben aber diese Reaktionen unbewusst, werden plump ausagiert und falls angesprochen sogar verleugnet oder projiziert[7].

Soziale Kompetenz setzt voraus, dass man auch im Konfliktfall bewusst erkennt, wenn sich – nicht nur beim anderen, sondern auch bei sich selbst – Aggressionen aufzubauen beginnen und auf ihren körpersprachlichen wie auch verbalen Ausdruck zu Gunsten sachlicher Gesprächsführung verzichtet, um eben keine psychischen Kollateralschäden zu verursachen. Der Stress, der sich bei der einen oder anderen Person aus der potenziellen Kampfsituation ergeben kann, ist nur ein Hinweis, dass man hier noch zu wenig Erfahrung und Routine besitzt, gelassen und souverän mit feindseligen Energien umzugehen.

Flucht oder Angriff

Soziale Inkompetenz zeigt sich also darin, dass die Person, die von Aggression erfüllt wird – egal, ob sie sich an einem aktuellen Anlass aufbaut oder aus chronischer Verbitterung auf Grund einer unbewussten oder auch bewussten „Urszene" stammt, und die Energie für die instinkthafte Kampf- oder Fluchtreaktion liefert – diese ohne viel nachzudenken auf andere los lässt oder, wenn sie aus Angst oder Erziehung („Dressur") unterdrückt, eine andere Form der Selbstbefreiung von diesen unerwünschten Emotionen „wählt": die Psychoanalyse listet als diese unbewussten Möglichkeiten auf:

---

5   Vgl. R. A. PERNER, „Die Hausapotheke für die Seele"
6   Vgl. B. BERCKHAN, „Judo mit Worten"
7   Ich gehe davon aus, dass viele die aggressiv gepfauchte Fragestellung „Warum sind Sie denn so aggressiv?" kennen – einerseits eine klassische Projektion, andererseits ein Machtspiel, nämlich der Versuch, damit die angesprochene Person zum Rückzug als Beweis fehlender Aggressivität zu motivieren.

- Verarbeitung in Träumen[8].
- Verarbeitung in Symptombildungen – dazu zählen einerseits psychosomatische Krankheitsbilder[9], andererseits neurotische oder psychotische Verhaltensauffälligkeiten. Mir gefällt die Unterscheidung, die einer meiner Supervisoren einmal getroffen hat, indem er meinte: „Unter Neurosen leidet die Person, die sie hat und die anderen merken wenig oder gar nichts davon – bei Psychosen ist es umgekehrt: da leiden die anderen unter den unverständlichen, inakzeptablen Verhaltensweisen, aber der psychotische Mensch findet sich selbst ganz in Ordnung!"
- Das „Passieren" von Fehlleistungen (Versprechen, Verschreiben, Vergreifen, Vertreten, Verlegen, Vergessen – die Ver-Reihung kann noch weiter fortgesetzt werden ...[10])
- Verarbeitung in Kulturleistungen (Sublimation), dazu zählt auch die Kreation oder Reproduktion von Witzen[11].
- Aber auch der Gesprächsverlauf zeigt erfahrenen PsychoanalytikerInnen oft überdeutlich, was sich im Gefühlsleben der SprecherInnen abspielt.

So erlebte ich unlängst ein kontrollbeflissenes Paar, das abtesten wollte, ob der Mann seiner erwachsenen (!) Tochter eine Ausbildung bei mir finanzieren sollte. Während des äußerst konflikthaften Gesprächs, in dem der Mann meine Informationen über Förderungsmittel und dass es dem Lernziel entspräche, dass sich jemand, der Ausbildungen bei mir[12] machen wolle, auch selbst um die Finanzierung kümmere, weil es ja unter anderem auch um Gewaltprävention und daher Manipulation und Ausbeutung ginge, jedesmal ablehnend weg wischte, mir permanent dagegen redete und überhaupt um seine Dominanz rang, versuchte ich ihm zu erklären, dass Ausbildungsziel unter

---

8   Vgl. S. FREUD, „Die Traumdeutung"
9   Vgl. K. SINGER, „Kränkung und Kranksein"
10 Vgl. S. FREUD, „Zur Psychopathologie des Alltagslebens"
11 Vgl. S. FREUD, „Der Witz und seine Beziehung zum Unbewussten"
12 S. www.salutogenese.or.at

anderem wäre, so mitzufühlen, dass man am eigenen Leib spüre, wie es anderen gehe. In der Fachsprache heißt dies Empathie und ist weit mehr als laienhaftes Mitgefühl. Da fragte er unvermittelt: „Haben Sie schon einmal eine Ohrfeige bekommen?" Ich antwortete: „Ich bin sogar schon einmal mit einer Pistole attackiert worden!" Er darauf, insistierend: „Ich frage aber: Sind Sie schon einmal ins Gesicht geschlagen worden?" Ich darauf, wahrheitsgemäß: „Ja – " – und er schnell, bevor ich den Satz mit „von meinen Eltern" vollenden konnte: „Von einem Mann?" Als ich jetzt nach einem nochmaligen „Ja" (um meine Wahrhaftigkeit zu leben) den fehlenden Satzteil von vorhin nachschicken wollte, tätschelte ihm seine Partnerin beruhigend den Arm und er wechselte ganz schnell das Thema. Für mich ein deutlicher Hinweis, dass er mich gerne geschlagen hätte ...

Kompensationen

Um aus aktuellen Situationen, in denen man sich unterlegen fühlt, heraus zu kommen, gibt es verschiedene „Selbstheilungsversuche". Analog zu den oben zitierten Äußerungsformen des Unbewussten unterscheide ich:
- Die für alle salutogene und damit sozial kompetente Form: die anderen über die Missbefindlichkeit und ihre sachlichen Ursachen zu informieren und um entgegenkommende Rücksichtnahme zu ersuchen bzw. aufzufordern bzw. sachliche konstruktive Vorschläge zu erstellen. Dabei wird bewusst darauf verzichtet, die eigene Kampfenergie zum Schaden anderer einzusetzen und stattdessen die Wurzel der Kampfbereitschaft aufgedeckt. Sie setzt Selbstbeobachtung, Selbstreflexion und Selbststeuerung voraus und kompensiert so die animalisch-triebhaften Vernichtungsimpulse mit dem Wohlgefühl der vernunftstolzen Überlegenheit über die eigene(!) Tiernatur.
- Die pathogenen Formen:

- Unterlegenheitsangst und ihre Überkompensation durch Dominanzstreben: sie basiert auf mangelnder Realitätssicht und Reife – denn immer gibt es irgendwo irgendwen, der oder die einem in der einen oder anderen Fähigkeit oder Position überlegen ist. Das sollte dem eigenen Selbstwertgefühl eigentlich keinen Abbruch tun. Wenn dadurch aber die frühkindliche Angst vor elterlichem Liebesverlust, schulischer Demütigung oder gar Erfahrungen sozialer Ausgrenzung wiederbelebt wird, kann man von neurotischer Angst sprechen: sie entspricht selten der aktuellen Wirklichkeit sondern stammt meist aus Traumatisierungen in der Vergangenheit. Dabei können mehrere minderbewertete Mikrotraumen stärkere Belastung darstellen als ein sozial bemitleidetes Makrotrauma.
- Sich auf Kosten anderer zu vergrößern z. B. durch unbewusste Körperstrategien wie unerwünschte Berührungen oder die so genannten Kulissen der Macht[13] wie etwa den Kampf um den besten Platz in einer Runde. Bewusst zählen solche Verhaltensweisen zum Machtmissbrauch.
- Die sieben „großen" psychiatrischen Erkrankungen: Suchtverhalten, depressiver Kraftverlust, Gewaltausbrüche, Zwangsverhaltensweisen, Narzissmus, Missbrauch und Verfolgungswahn. Diese kann man auch in der Struktur der so genannten sieben Todsünden wieder finden[14]; in der analogen Reihenfolge sind dies Völlerei, Trägheit, Zorn, Geiz, Hochmut, Unkeuschheit und Neid. Oft eskalieren aber diese Verhaltensweisen über die Schädigung der eigenen Gesundheit hinaus zur Beschädigung anderer. Sie können dann als Motive hinter der Verletzung der vier großen Grundprinzipien, wie sie der Tübinger Theologe Hans KÜNG in seinem Projekt Weltethos[15] als Gemeinsamkeit aller Weltreligionen aufgezeigt hat, sichtbar werden. Diese Gebote lauten:

---

13 Vgl. C. STEINER, „Macht ohne Ausbeutung", S. 99 ff.
14 Vgl. R. A. PERNER, „Management macht impotent"
15 Vgl. H. KÜNG/K.-J. Kuschel, „Erklärung zum Weltethos"

- Nicht töten – das ist die Verpflichtung auf eine Kultur der Gewaltlosigkeit und der Ehrfurcht vor dem Leben (daher auch gegen Seelenmord oder soziale Vernichtung).
- Nicht lügen – das ist die Verpflichtung auf eine Kultur der Toleranz und ein Leben in Wahrhaftigkeit (daher gegen Vorenthalten oder Manipulation von Informationen aber auch Kommunikationsbedürfnissen).
- Nicht stehlen – das ist die Verpflichtung auf eine Kultur der Solidarität und eine gerechte Wirtschaftsordnung (daher gegen hemmungslosen Konsum und egozentrische Ausbeutung von Ressourcen).
- Nicht missbrauchen – das ist die Verpflichtung auf eine Kultur der Gleichberechtigung und die Partnerschaft von Mann und Frau (und daher gegen jegliche Form von sexueller Besitzgier, Missbrauch oder Vermarktung).

In jedem dieser vier Verbote bzw. Gebote findet man inkludiert den Hinweis auf die Gefahr der Selbstvergrößerung auf Kosten anderer: ob es das „Revier", die freie Bewegungsbahn, die Manipulation der Wahrnehmung, den Besitzstand oder die Verfügungsmacht über andere betrifft – immer geht es darum, jemand anderen in seiner/ihrer Selbstbestimmung und Gestaltungsfreiheit zu behindern, Kraft und Potenzial zu rauben und ärgstenfalls aus dem Weg zu räumen.

Wenn aber jemand aus seiner Herkunft heraus „gelernt" hat, man müsse andere beseitigen sonst wäre das eigene Überleben gefährdet, braucht man erst viele gegenteilige Erfahrungen um alternatives Verhalten wahrzunehmen, wertzuschätzen, nachzuahmen und so eine neue Neurosignatur zu erwerben, damit soziales Verhalten spontan erfolgen kann.

Erfreulicherweise merken aber immer mehr Menschen, dass zwischen ihrem Erleben und Verhalten und dem anderer ein Unterschied zu ihren Ungunsten besteht – zumindest in den sozialen Folgen; manche suchen dann bewusst Beratung, Psychotherapie oder einen religiösen bzw. esoterischen Weg der Selbstverbesserung.

Andere hingegen suchen noch immer nur die Selbstbestätigung, dass sie doch ohnedies in Ordnung wären, „normal", suchen daher Anschluss an Subkulturen, in denen ihre Normen Geltung besitzen (wie etwa an manchen Stammtischen, in Chatrooms oder radikalen politischen Gruppierungen), verweilen also in ihrer Befindlichkeit und rechnen damit, dass sie mit der kraftvollen Betonung ihrer behaupteten Normalität[16] schon von anderen Zuwendung, Anerkennung oder gar Liebe erhalten werden. Sie glauben dann, dass sie Gewalt mit Gewalt bekämpfen müssen und merken nicht, dass sie Zorn verbreiten, oder dass man sich betäuben muss um unangenehme Gefühle zu ertragen und entziehen sich so der sozialen Gemeinschaft oder hoffen, durch besonderes Auftrumpfen ihren Platz in der Bezugsgruppe zu verfestigen.

Fehlentwicklungen

Ich benütze die einprägsame Aufzählung der so genannten „Sieben Hauptsünden" als strukturierte Vereinfachung der sieben großen psychiatrischen Erkrankungen und bringe sie in die Reihenfolge der Phasen der psychosexuellen Entwicklung[17]; dies deshalb, weil viele Menschen an der sozialen Inkompetenz von Vorgesetzten, Kollegen, aber auch Familienangehörigen leiden und nicht erkennen, dass sie mit Symptomen psychischer Störungen konfrontiert sind, deren Disposition zu solch einer Störung oder Erkrankung bis in die früheste Kindheit zurückverfolgt werden kann.

- Völlerei: ihr entsprechen die Suchterkrankungen zu Betäubung oder Aufputschung aber auch zum Aufbau einer Aura von Selbstglorifizierung[18] oder Selbstverharmlosung („Ich

---

16 Vgl. A. GRUEN, „Der Wahnsinn der Normalität"
17 Vgl. R. A. PERNER, „Heute schon geliebt?", S. 36 ff.
18 Sehr treffend formuliert dies Austropopper Wolfgang AMBROS in seinem Lied „Zwickts mi": „Im Wirtshaus triff i immer an, der was Gott was erzählt,

kann nichts dafür, ich war betrunken/stand unter Medikamenten …") um unerträglichen Gefühlen von Hilflosigkeit, Unterlegenheit oder überhaupt Minderwertigkeit zu entkommen. Wer von klein auf gewöhnt ist, mit Essen oder Trinken still gemacht zu werden, wenn er oder sie unangenehmen Gefühlen mit Gebrüll oder Gezappel (denn andere Möglichkeiten hat ein Kind im ersten Lebensjahr noch nicht) Ausdruck verleiht, wird auch später versuchen, sich in solchen Spannungszuständen oral zu „stillen". Ob jemand dann trinkt, isst, raucht oder Medikamente nimmt oder „harte" Drogen: er oder sie wird versuchen, entweder andere dazu zu bringen, dass sie ihm Gesellschaft leisten und damit protestfrei bestätigen, sich damit also seinen Bedürfnissen unterzuordnen, ob sie wollen oder nicht – oder es folgt resignierter Rückzug mit dem man andere spüren lässt, dass man ihnen keinerlei freundliche Gefühle mehr entgegen bringt, und wenn diese darauf reagieren, bekommt man entweder Zuwendungsenergie aus der Kategorie Helfersyndrom oder Kritik und kann sich dann im moralischen Masochismus suhlen, wie unverständig, herzlos oder ekelhaft doch die anderen sind. Zur Symptomatik der Suchterkrankungen gehört, dass sich mit steigender Dringlichkeit alles um das Erreichen des Suchtmittels dreht; wer bei dieser Jagd nach dem Augenblick der Entspannung im Wege steht, und sei es nur durch Nörgelei, wird attackiert; mit zunehmender und andauernder Vergiftung besteht Gefahr, dass dieses Hass- und Kampfverhalten chronisch wird. Da wenige beispielsweise Streitsucht als Begleiterscheinung von Alkoholmissbrauch begreifen und daher sozial kompetent, nämlich deeskalierend[19], antworten, „spielen" sie bei diesem Power Play mit statt sich korrekt, also ohne Gegenattacken oder Rettungsversuche, zu distanzieren.

---

er is so reich, er is so guat, er kennt die ganze Welt. In Wirklichkeit is er a Sandler, hocknstad und dauernd fett, des letzte Weh in meine Aug'n, na i pack eam net."
19 U. LAMBROU, „Helfen oder aufgeben?", S. 78 ff.

- Trägheit: ihr entspricht der Energieverlust in den depressiven Krankheitsbildern oder auch psychosomatischen Erkrankungen, die einen an körperlichen oder auch geistigen Aktivitäten hindern. So betont der Psychiater Michael MUSALEK, Primararzt einer auf Suchterkrankungen spezialisierten Genesungseinrichtung bei Wien, dass hinter Alkoholabhängigkeit immer eine Depression verborgen wäre, die auf diese ungeeignete aber leicht durchführbare Weise bekämpft würde. Schon Wilhelm BUSCH reimte, „Wer Sorgen hat, hat auch Likör"[20] – heute würden wir statt Sorgen vielleicht zutreffender Stress formulieren. Um aktiv werden zu können, braucht man Antriebsenergie. Wer depressiv ist, hat sie verloren. Das hat Ursachen – meist mehrere. Eine besteht in der manchmal, meist aber nicht wohlgemeinten, jedoch sozial inkompetenten Nörgelei, Drohung und Demütigung in der Absicht, den als allzu passiv Definierten „auf die Sprünge zu helfen". Depressive Menschen (auch Kinder!) reagieren darauf meist mit völligem Rückzug mit oder ohne selbstschädigendem Konsum von Beruhigungs-/Betäubungsmitteln. Wer sich nicht „auf der gleichen Wellenlänge" (Gehirnstrommuster) befindet, verhält sich häufig aggressiv gegenüber den „ganz anderen": „Wieso tut der das – ich tue es ja auch nicht!" oder: „Wieso darf der das? Ich darf das ja auch nicht!" Dann werden den Kraftlosen Vorwürfe gemacht, nicht nur, weil viele meinen, mit Aggression, Spott und Hohn den nötigen Antrieb zu bewerkstelligen, sondern weil sie sich damit wiederum in ihrer Selbstgefälligkeit bestätigen können. Dabei beweisen Sätze wie „Am Abend wird der Faule fleißig" nur die Diagnose: depressive Zustände sind meist am Morgen am stärksten und mildern sich im Laufe des Tages. Erst seit wenigen Jahren wird in „Psychokreisen" anerkannt, dass schon Vorschulkinder depressiv sein können – außer an mangelnder Aktivität erkennbar an dem starren Gesichtsausdruck, der „depressiven Maske". Meist gelten solche Kinder als besonders brav

---

20 W. BUSCH, Die fromme Helene

(sofern sie nicht auch noch „maulen") – außer bei denen, die im Kontakt mit ihnen Gefahr laufen, dabei ihre eigene Depressivität wahrzunehmen. Die Wurzel dieses Kraftverlusts findet sich im Mangel an Erfolgserlebnissen – den Strokes, die schon das Neugeborene braucht um sich gewollt und angenommen zu fühlen und daraus seinen Lebenswillen zu ziehen. Deswegen brauchen ja alle Menschen und Kinder am meisten Bezugspersonen, damit sie im Austausch mit wohlwollenden anderen angeregt werden, die Welt und die eigenen Entwicklungsmöglichkeiten kennen zu lernen. In der Arbeitswelt aber auch in Privatbeziehungen ärgern sich viele über mangelnde Aktivität und intrigieren, hetzen, mobben ohne den Gedanken zuzulassen, dass die andere Person möglicherweise depressiv ist. Wer aber keine Energie mehr hat, kann sich nur mehr im Schneckentempo fort bewegen wenn überhaupt, hat keinen Appetit mehr, bringt oft keinen Bissen hinunter und kann auch im Schlaf nicht regenerieren, sondern liegt gequält wach, was wieder Hypersensibilität gegenüber Berührungen, Lärm, Gerüchen etc. bewirken und noch mehr unleidliches Kommunikationsverhalten zur Folge haben kann. Oft führt das noch zusätzlich zur Beschimpfung als Hypochonder. Leider erkennen nicht nur Angehörige oder Kollegenschaft sondern auch viele Betroffene nicht, dass sie dringend ärztliche und psychotherapeutische Hilfe benötigen: diese um an der Beseitigung der psychosozialen Ursachen zu arbeiten, jene um mögliche körperliche Ursachen zu orten und zu behandeln.

- Geiz: ich „rechne" ihn den Zwangsstörungen zu, denn oft macht er sich mit zwanghaftem Zählen, Ordnen, Kontrollieren, Festhalten, Nichtloslassenwollen bemerkbar. Die Ursache dafür findet sich oft in übermäßig disziplinierender Hygieneerziehung in der Zeit, in der Kleinkinder lernen, ihre Muskulatur zu beherrschen und ihren eigenen Willen zu erproben: sie wollen dann phasenweise ihre abgeschnittenen Haare und Fingernägel ebenso wenig hergeben wie ihre Ausscheidungsprodukte und werden oft grausam von diesen

Teilen ihres Ich getrennt anstatt dass man gelassen abwartet, bis sie erkannt haben, dass alles wieder „nachkommt". Diese Angst vor dem unwiederbringlichen Verlust kann sich später dann in Hortsucht („Hoarding", oft auch als Messie-Syndrom fehlbezeichnet, denn „mess" – Unordnung – ist nicht das Problem, kein Mensch lebt gerne im Müll, es ist die Folge der angstbesetzten Unfähigkeit, sich vom „Eigenen" zu trennen, und oft kommt dann noch eine depressive Störung dazu, die diese Behinderung verstärkt), Kontrollsucht aber auch Reinigungssucht, einer Essstörung und Autoaggression zeigen. Laienhafte Versuche von Gegenmaßnahmen (wie etwa Zwangsräumungen) führen nur zu weiterer Verstärkung der Symptome, stellen sie doch Wiederholungen des ursprünglichen Traumas dar. Immer wieder erlebe ich, wie Eltern 50+ Beratung suchen, wie sie ihre erwachsenen Kinder besser kontrollieren können. Ihnen zu der Erkenntnis zu verhelfen, wie sie mit ihrem tiefen Misstrauen gegenüber der Kompetenz ihrer Söhne und Töchter, ihr Leben gut managen zu können, und ihren vermeintlichen Hilfestellungen diese eigentlich zu „Behinderten" machen, führt oft zu einem Slalom zwischen Respekt vor Sorge und Hinweis auf die Gewalt in der Verletzung des Lebensraumes des erwachsenen Kindes. Leider fehlt eine präzise sprachliche Unterscheidung zwischen Kind als Normadressat (nach österreichischem Recht endet die Kindheit mit 14, nach EU-Recht werden auch noch 18jährige als Kinder bezeichnet, was etwa bei pornographischen Darstellungen von Bedeutung ist), Kind als biologischer Nachkommenschaft und Kind als Träger von Erb- und sonstigen Rechten (als Adoptivkind aber wird dies sprachlich ausgewiesen). So erinnere ich mich an einen Fall von einem Elternpaar, das mit der Partnerwahl ihrer über 40jährigen Tochter, einer Ärztin, nicht einverstanden war und deshalb bei den seinerzeitigen Lehrherren des Lovers „nachfragen" gingen, weil der „ja seine Lehre nicht abgeschlossen hat!" Oder ich erinnere eine Mutter, die auch nach der Heirat ihres Sohnes immer in dessen Ehewohnung ging und die Ehebetten auseinander schob, denn sie „hatte sie ja gekauft und eingerichtet und so soll es auch bleiben!" (Die Ehe war bald geschieden, Mutter also erfolgreich.) Eine andere Mutter kam über den unterirdischen Verbindungsgang der beiden Einfamilienhäuser, die sie und ihr Sohn mit dessen Familie bewohnten, und „ertappte" die Schwiegertochter, wie sie dem nackten Ehemann in der Küche den Rücken salbte – er hatte einen Hexenschuss. Die Mutter empörte sich lautstark, was denn den beiden einfiele, schon in der Früh Sex zu haben und das noch dazu in der Küche – wo jederzeit jemand herein kommen könne ... Geizen kann man nicht nur mit Besitz, man kann es auch mit Gefühlen, mit Sichtweisen, Glaubenssätzen, mit Fantasien ... Meist hat man nur wenige davon und deshalb glaubt man, dieses Wenige festhalten, beschützen zu müssen. Das Andersartige erscheint dann unverständlich, bedrohlich, verboten – daher wird es bekämpft. Diese Kampfstimmung vergiftet dann meist das soziale Klima und führt nur zu oft zu echten Feindschaften. Dabei würde es meist genügen, die andere Position als gleichberechtigte anzuerkennen – und das ist keine Einbahnstraße; es muss nur die Person, die „Anstoß nimmt", wenn sie soziale Kompetenz beweisen will, auf ihrer Seite die doppelte Sackgasse öffnen ... Ob es dann zu einer respektvollen Begegnung kommt/kommen kann, liegt im Ermessen der anderen Person.

- Zorn: im Gegensatz zur ungerichteten „oralen Wut" wendet sich „analer Zorn"[21] gegen eine Unmutsquelle, die wortlos

---

21 In der psychoanalytischen Entwicklungslehre werden je nach AutorIn drei bis vier Phasen der psychosexuellen Persönlichkeitsbildung beschrieben: auf die erste, „orale", in der die Mundschleimhaut und der Verdauungsapparat mit Triebenergie (Libido) „besetzt" ist (und der ich Völlerei und Trägheit zuordne), folgt die „anale", in der die Muskulatur, insbesondere die Schließmuskulatur, und das Zusammenziehen, Krallen, Zwicken und auch Beißen lustvoll erlebt wird; ihr ordne ich Geiz und Zorn zu; danach folgt aus meiner Sichtweise die „phallische", in der Herzeigen und Zuschauen be„trieb"en werden und der ich Hochmut und Unkeuschheit zuselle und schließlich die ödipale Phase mit der Lust am Konkurrieren und Neid und Rivalität.

attackiert wird. Später, wenn bereits ein Sprachschatz vorhanden ist, werden Zornausbrüche von mehr oder weniger wohlgeformten, häufig auch stereotypen Sätzen begleitet, und je geringer das sprachliche Repertoire ausfällt, desto größer ist meist die Gefahr körperlicher Übergriffe. Wer seelisch auf diesem frühkindlichen, sprachlosen und unreflektierten Entwicklungsstand verharrt, fühlt sich von unbeherrschbaren Zornwellen überflutet – bis er oder sie gelernt haben, Zorn in Selbstbehauptungskraft zu verwandeln. „Zorn ist die Begierde, den Schmerz zu vergelten"[22], weiß der Psychologe Theodor ITTEN, denn „Der innere Selbstbefreiungsdruck wird so groß, dass sie oder er sich nicht mehr zurückhalten kann und ausrastet."[23] und: „Jähzorn ist ein Versuch, das Gefühlsleben wieder in Fluss zu bringen".[24] „Dampf ablassen", nennt dies der Volksmund, und wie sehr Dampf verbrühen kann, weiß wohl, wer schon einmal einen Druckkochtopf vorzeitig geöffnet hat. Heftige Gefühle sind ansteckend. Nicht nur in der Spiegelung von Mensch zu Mensch, sondern auch beim Zusehen: „Spiegelneurone sind die entscheidende neuronale Basis für das seit langem bekannte und ausgiebig erforschte ‚Lernen am Modell': Experimente zeigen, dass die Beobachtung einer bestimmten Handlung die Fähigkeit verbessert – und prinzipiell auch die Bereitschaft erhöht –, diese Handlung selbst auszuführen."[25], erklärt der Psychoneuroimmunologe Joachim BAUER, und mahnt: „Dass unser Land die Zeiten der massenhaften Kriegsbegeisterung hinter sich gelassen hat, dass kriegerische Lösungen stattdessen auf Skepsis und Ablehnung stoßen, kann man nicht hoch genug wertschätzen. Doch sind Gewaltakte im Krieg schlecht, im Kinderzimmer hingegen gut? Die Gleichgültigkeit, mit der wir zulassen,

---

22 T. ITTEN, „Jähzorn", S. 7
23 T. ITTEN, s. o., S. 8
24 T. ITTEN, s. o., S. 9
25 J. BAUER, s. o., S. 122

dass das in Videos und Filmen gezeigte Jagen, Quälen und Töten von Menschen für einen Großteil unserer Kinder und Jugendlichen eine prickelnd-amüsante Unterhaltung darstellt, ist erstaunlich. Noch brisanter sind Computerspielprogramme, so genannte ‚Ego-Shooter-Spiele', bei denen das spielende Kind in einer hochgradig real aufbereiteten virtuellen Welt andere Menschen jagen, foltern und umbringen kann." Und BAUER resümiert: „Ein Grund für die Gleichgültigkeit der Erwachsenen ist, dass sie die Videos und Computerspiele nicht kennen, um die es hier geht."[26] Egal, ob jemand Gewaltszenen sucht um aus depressiver Kraftlosigkeit „aufgeweckt" zu werden oder um aufgespeicherte Aggressionen auszuagieren – neuronal wird die Selbstverständlichkeit dieser Form von Aggressionsabbau eingeübt. Es gibt aber andere – sozial unschädlichere, nur braucht man für diese ebenfalls Spiegelangebote, doch die fehlen weitgehend. Sie bestünden darin, schon beim Kleinstkind einfühlsam auf Zornausbrüche zu reagieren, einerseits die Auslöser nachzufragen, andererseits den Mechanismus zu erklären, dass der Blutdruckanstieg die Kraft liefert, an der Problemlösung zu arbeiten – und dass Mord und Totschlag (auch von Sachen) das grundliegende Problem nicht lösen sondern nur neue Schwierigkeiten dazu erschaffen. Soziale Kompetenz besteht nicht in bloßer Friedfertigkeit – die kann auch aus Überheblichkeit gespeist werden – und schon gar nicht in Unterwerfung als Überlebenstechnik. Sie besteht im Erkennen, Bearbeiten und Transformieren der Unmutsquelle. Das erfordert zumindest den so genannten Inneren Dialog wenn nicht den mit anderen Menschen – aber denen fehlen auch die Vorbilder. Daher erhebt sich die Frage: weshalb fehlen die Modelle für salutogene Kommunikation? Meine Antwort lautet: weil noch immer der geheime Erziehungsplan lautet, Männer zu Soldaten für den Nahkampf auszubilden – immerhin kommen die meisten Gewaltspiele aus den USA

---

26 J. BAUER, s. o., S. 120 ff.

und Ostasien! – und Frauen zu deren Pflegerinnen, wenn sie in dieser Kultur der Gewalt verletzt wurden. Nach wie vor werden Pazifisten als Schwächlinge abgewertet, Zivildiener als Drückeberger verunglimpft und Menschen, die sich Zeit zum Bedenken ihrer Handlungen nehmen, als nicht kampfbereit negativ bewertet. Diese veralteten Männlichkeitsmythen werden von Unwissenden unbedacht als Führungstechniken verstanden und in der Arbeitswelt, oft auch im Privatbereich, umgesetzt – auch von Frauen, die sich nicht mit alternativen Führungsmethoden auseinandergesetzt haben geschweige denn sie erproben konnten (und vielfach auf psychologische Ratgeberliteratur vertrauen, doch die wird in den seltensten Fällen von Frauen geschrieben, die selbst Führungspositionen innehatten).

- Hochmut: Ohne sich ein „Image" zugelegt zu haben, fühlen sich heute viele Menschen unzulänglich; sie haben – oft zu Recht – Angst, im Konkurrenzkampf als „Looser" übrig zu bleiben. Verständlich, dass viele dann mit Hilfe von Kosmetik, Chirurgie und (bevorzugt esoterischer) Ratgeberliteratur versuchen, auf die Gewinnerstraße zu gelangen. So beginnen Erwartungen und Realitätssicht auseinander zu driften, ja mehr noch: „Die Medien steigern narzisstische Träume von Ruhm und Ehre und geben ihnen Nahrung; sie ermutigen den einfachen Mann auf der Straße, sich mit den Stars zu identifizieren und die gewöhnliche Masse zu verachten, und sie erschweren es ihm zunehmend, die Banalität des Alltagslebens zu ertragen", schreibt Christopher LASCH und mahnt: „Die moderne Konsumgüterwerbung und der hohe Lebensstandard haben die sofortige Bedürfnisbefriedigung sanktioniert und entheben das Es der Notwendigkeit, sich für seine Wünsche zu entschuldigen oder ihr grandioses Ausmaß verschleiern zu müssen.", und: „Eben diese Konsumgüterwerbung aber hat auch Versagen und Verzicht unerträglich gemacht."[27] Kleine Kinder in der „phallischen"

---

27 C. LASCH, s. o., S. 45 ff.

Phase fantasieren sich ein Größenselbst zurecht, verkleiden sich, schlüpfen in Traumrollen und bewältigen so ihre Frustrationserlebnisse. Immerhin ist es nicht einfach, tagtäglich zu erkennen, was man alles noch nicht kann ... Wenn allerdings Erwachsene irreale Größenfantasien pflegen um sich in der sozialen Begegnung über andere zu erhöhen, drängt sich die Vermutung auf, dass sie damit eigene Unterlegenheitsgefühle und Versagensängste kompensieren anstatt sich einerseits kritisch mit sozialen Ungerechtigkeiten und den Verführungen der Werbeindustrie, andererseits ihren eigenen Wirkungen auf andere Menschen auseinander zu setzen. Waren es früher Religionen, die „für das jenseitige Leben auch noch die Lust des hohen Ranges, also Aggressionslust" versprachen, und HITLER und GOEBBELS „nicht nur Sicherheit und Brot" sondern „vor allem Herrschaft über andere Völker und Rassen" sowie „Weltherrschaft und das Tausendjährige Reich"[28], sind es heute psychologische oder esoterische Heilsversprecher, die Perspektiven auftun, wie man zur Vollkommenheit und damit Überwindung von Steckenbleiben und Existenzangst gelangen könne. „Die Popularisierung psychiatrischer Denkweisen, die Verbreitung der ‚Neuen Bewusstwerdungsbewegung', der Traum von Ruhm und das gequälte Gefühl des Versagens, welche die Suche nach geistigen Allheilmitteln allesamt noch dringlicher machen, haben eins gemeinsam: eine ungewöhnlich starke Beschäftigung mit dem Ich.", zeigt Christopher LASCH auf. „Diese Selbstbezogenheit prägt das moralische Klima der zeitgenössischen Gesellschaft".[29] Und sie isoliere gegen die Schrecken der unmittelbaren Umgebung: Armut, Rassismus, Ungerechtigkeit. Der Verhaltensbiologe Felix von CUBE präzisiert sogar noch deutlicher: „Auffallend ist weiter, dass sich die heutigen Egoisten ‚ungeniert' zu ihrer Haltung bekennen, ja, sie bekennen sich mit einem gewissen Stolz

---

28 F. v. CUBE, „Lust an Leistung", S. 48
29 C. LASCH, s. o., S. 50 ff.

zum Egoismus und machen auch kein Hehl daraus, pflichtbewusste oder gar ehrenamtlich tätige Spießbürger als töricht anzusehen." An Beispielen aus so genannten Karriereratgebern kritisiert er: „Führungskräften wird ganz offen empfohlen, auf Moral zu pfeifen, sich rücksichtslos durchzusetzen, andere auszunutzen und auszutricksen, sich mit allen Mitteln Vorteile zu verschaffen."[30] Diese Kritik ist nicht nur berechtigt, sondern auch notwendig (wenngleich ich sonst nicht immer mit CUBE übereinstimme): wenn man weiß, wie oft im Verlagsgeschäft des kaufmännischen Erfolgs wegen mehr auf Provokation gesetzt wird denn auf seriöse Sachlichkeit, nimmt man viele dieser Ratgeberbücher ohne konkrete Überprüfung von Herkunft und Wirksamkeit der darin angepriesenen Verhaltensstrategien besser nicht mehr ganz ernst; in vielen dieser Bücher ist nur der Inhalt von zehn anderen zu einem elften gemixt, meist ohne die relevanten Quellen anzugeben, und oft nicht einmal das. So kann man etwa die Grundbegriffe des NLP, der Kommunikationsentschlüsselung nach Paul WATZLAWICK und Kollegen und der Transaktionsanalyse als alleinigen Inhalt (nicht nur als Hinweis und Erklärung für nachfolgende neue Gedanken) in vielen Büchern von TrainerInnen finden, die sich so gleichsam eine literarische Visitenkarte zulegen wollen. Auch kenne ich aus dem Kreis meiner SeminarbesucherInnen etliche freiberufliche TrainerInnen, die früher Personal- oder Bildungsverantwortliche großer Firmen (oder nicht einmal das) waren, dort unzählige Male den Trainings wohlfundierter ExpertInnen beigewohnt und sich letztlich mit einer Neuzusammenstellung aus Ideenklau und Imitation selbständig gemacht hatten. Was mich immer staunen lässt, ist deren Selbstüberschätzung, sich ohne grundlegende Ausbildung auf wissenschaftlich anerkannter Basis und ohne weitgehende Praxis „im Feld", sondern nur auf Grund von Lektüre und Werkspionage und im Vertrauen auf das

---

30 F. v. CUBE, s. o., S. 68

Charisma des Gurus vor ein Publikum hin zu trauen, das möglicherweise erfahrener ist als man selbst. Ich habe diese Verführungstechniken in meinem Buch „Sein wie Gott – Von der Macht der Heiler" am Beispiel der Gemeinsamkeiten von Priestern, Psychotherapeuten und Politikern zu entschlüsseln versucht. Sie alle versprechen Heilung, und prinzipiell könnten sie diese auch initiieren. Das Fachwissen oder die Macht dazu hätten sie. Im Endeffekt liegt es aber immer an der ethischen Verantwortlichkeit, ob jemand darauf verzichtet, anderen Selbstbestimmung und damit Selbstachtung zu nehmen oder ihnen mehr Selbst-Bewusstsein zu vermitteln (wozu auch gehört, sie im Gegenteil über die Verlockungen des Versprechens von narzisstischem Zugewinn aufzuklären). Ich erinnere mich noch gut an ein Gespräch aus der Zeit, in der ich Kommunalpolitikerin war – Bezirksrätin (Stadtteilsdeputierte) in Wien Favoriten, dem größten Bezirk Wiens, der auch gerne als drittgrößte Stadt Österreichs bezeichnet wird, und gleichzeitig Landtagskandidatin. Als Juristin engagierte ich mich damals vor allem bei den großen Gesetzesreformen, machte Vorschläge, argumentierte – und hörte von Landtagsabgeordneten, LehrerInnen, GewerkschafterInnen, jedenfalls Nichtfachleuten, nicht nur einmal, abwehrend: „Weißt du ... WIR im Landtag sehen das halt nicht so naiv ...". Wirklich selbstsichere – nicht narzisstisch aufgeblähte – Personen hören anderen zu, nehmen auf, verarbeiten und geben dann erst wohldurchdachte Stellungnahmen ab. Selbstunsichere Personen hören nicht zu, achten nur darauf, dass einem andere nicht zu nahe kommen, vor allem damit nicht sichtbar werden kann, das diese vielleicht besser, klüger, nützlicher, erfolgreicher sein könnten. Oder auch nur Schwachstellen entdecken ... Dazu dienen auch zahlreiche Rhetorik-Schulungen, in denen eingetrichtert wird, wie man ohne Rücksicht auf Inhalt des Gesprächs oder Selbstwertgefühl der Gesprächspartner „die Lacher auf seiner Seite haben" kann. Immer mehr bekommen, besser werden wollen – all das deutet auf innere Leere hin und die wurzelt im Stroke-Mangel der frühen Jahre oder sogar konkreten Beschämungen. Nur sachlich versorgt worden zu sein, aber keine emotionale Fürsorglichkeit erlebt zu haben, bewirkt nicht die Ausbildung der Neurosignaturen von Selbstakzeptanz: man weiß dann von oder glaubt an Elternliebe, aber man fühlt und spürt sie nicht; Fehlendes kann man auch nicht weitergeben – man kann es nur suchen. Einen vermuteten Fundort stellt das Podest der Auszeichnung dar, die Showbühne oder ein Titelblatt der Yellow Press, und schafft man es nicht dorthin mangels sportlicher, künstlerischer oder rhetorischer Begabung oder auch nur körperlicher Attraktivität, kann man immer noch die Dienstleistungen der PR-Branche in Anspruch nehmen. So habe ich mich immer wieder gewundert, wie es manche Männer in gehobenen Positionen schafften, bei Jubelveranstaltungen im Betrieb oder Wahlkampf vom Parterre aus, nur auf einen Finger gestützt, auf gut 70 cm hohe Podien zu springen; offensichtlich hatten sie das trainiert. Aber wo? Und zwecks welchem Benefit? Nur für den Applaus? Zum täglichen Fitness-Training zählen solche Leibesübungen üblicherweise ja nicht … Das selbstgefällige Lächeln derjenigen habe ich jedenfalls noch gut vor Augen. In narzisstischer Bedürftigkeit macht man sich leicht zum Kasperl – oder lässt sich dazu machen. Die sozialen Beziehungen werden dadurch aber nicht gefördert, ganz im Gegenteil: man entfernt sich voneinander. Vor allem für Frauen sind Exkursionen in die Welt der Showbühnen oft sozial tödlich, egal, ob frau mitmacht oder sich verweigert – die üble Nachrede ist sicher. Genau deswegen ist die soziale Einbindung so wichtig: es gibt Schutz, wenn man nicht aus der Gemeinschaft heraus ragt.

- Unkeuschheit: Das Wort „keusch" stammt vom lateinischen „conscius" – „bewusst". Keusch ist, wer bewusst darauf achtet, andere Menschen nicht zu versachlichen, etwa nur zum Objekt der eigenen Triebwünsche zu machen ohne sie als Person wertzuschätzen, und darauf verzichtet, sie mit rein egozentrischen Forderungen zu belästigen. Unkeusch ist daher, wer ohne Rücksicht auf andere diese für eigene Zwecke missbraucht – nicht nur für den schnellen sexuellen Genuss sondern auch um sich bedienen zu lassen, mit ihnen anzugeben, sich in ihrem Glanz zu sonnen, sich psychisch an ihnen zu stabilisieren oder ihnen „nur" Geld aus der Tasche zu ziehen. Kleine Kinder sind noch nicht ich-stark genug, um eine partnerschaftliche Beziehung mit jemand anderem einzugehen. Sie spielen zwar ihre Vorbilder nach, aber das ist eher eine Form heraus zu finden, wie sich etwas anfühlt. Und sie präsentieren sich stolz in ihren Nachahmungsübungen; diesen Stolz halten viele nicht aus und bremsen das Kind in seinem „Phallischen Protzen" ein – besonders dann, wenn es wirklich seinen Unterleib entblößt. Dabei will das Kind nur zeigen, dass es sich selbst schön findet; viele Unaufgeklärte halten diesen vorübergehenden Zeigestolz aber für eine Einladung zur Selbstbedienung, missbrauchen das Kind und schädigen damit dessen so genannten primären Narzissmus, das ursprüngliche Selbstwertgefühl. Erst in der so genannten ödipalen Phase ist das Kind reif genug, echte Liebesgefühle zu entwickeln – zuerst gegenüber einem Elternteil oder einer sonst nahestehenden Bezugsperson, später gegenüber Lehrkräften oder ähnlichen „Elternersatzpersonen". Respekt, Wertschätzung hingegen folgen nach (!) der Bewältigung von Liebeskummer, dann, wenn man begriffen hat, dass man einen anderen Menschen nicht besitzen und kontrollieren kann und dass man selbst für die innere Fülle zu sorgen hat. Nun haben aber viele Menschen missbräuchliche Übergriffe erlebt – vor allem emotionalen Missbrauch[31] und den bereits zitierten „Terrorismus des Leidens", die Erzeugung von Schuldgefühlen. Sie finden dann nichts Abnormes an diesen Verhaltensweisen und wiederholen sie ohne viel kritisches Nachdenken und wundern sich sogar oder werden ärgerlich, wenn andere es wagen, gegen diese Formen von Ausbeutung zu protestieren. Denn würden sie

---

31   M. HIRSCH, „Realer Inzest", S. 50 ff.

die Beziehungslosigkeit in diesen Kommunikationsformen erkennen und die Selbsterhöhung der Ausbeutenden, wäre ihr Selbstbild von glücklicher Kindheit, liebevoller Förderung und Gerechtigkeit zutiefst erschüttert. Sie müssten trauern. Und gerade dieses reinigende Gefühl ist vielen unerträglich: sie spüren, dass sie etwas verlieren und versuchen zurück zu halten, ohne zu wissen was. So kommt es ersatzweise zu einer muskulären Verkrampfung, zu Einspeicherung von Stresshormonausschüttungen im Bindegewebe und dem, was der britische Psychiater Ronald D. LAING als „Knoten" bezeichnet[32]. Soziale Kompetenz beruht auch auf der Fähigkeit zu trauern, und die basiert auf einem Selbstwertgefühl, dass stark genug ist, eigene Irrtümer, Fehleinschätzungen, Fehler wahrzunehmen, zu ertragen ohne abzuwehren und zu korrigieren. Sich diese Trauer ersparen zu wollen, ist ein missglückter Selbstheilungsversuch: man belügt sich selbst. Nur die Wahrheit kann frei machen.

- Neid: Die Wurzel der Gewalt ist der Vergleich. Sich selbst realistisch einzuschätzen zu können und mit Gleichmut zu ertragen (nicht Hochmut und nicht Demut) ohne zu resignieren, wenn ein Vergleich nicht zu eigenen Gunsten ausfällt, ist ein lebenslanger Lernprozess. Immerhin gilt es, den eigenen Lebensweg zu finden und zu gehen – schaut man scheelen Auges auf andere, erhöht sich die Stolpergefahr ebenso wie die von Um- und Irrwegen. Sozial kompetent ist, wer sich von anderen Nachahmenswertes anerkennend abschaut und sich im Übrigen um seine eigenen Aufgaben kümmert. Sozial inkompetent und Energie verschwendend ist es hingegen, andere ängstlich zu beobachten und nach möglichen Bevorzugungen oder Privilegien Ausschau zu halten. Wenn man sich benachteiligt fühlt, kann man das offen aussprechen: was redlich ist, kann man bereden, was nicht redlich ist, sollte man schon beim ersten Gedanken verwerfen. Es vergiftet einen nur. Leider wird aber immer

---

32 Vgl. R. D. LAING, „Knoten"

noch auf Konkurrenz hin erzogen statt auf Zusammenarbeit. Das liegt einerseits im sachlich begründeten Erfolgsstreben der Führungspersonen – egal ob Eltern, Lehrkräfte oder auch Vorgesetzte – andererseits an deren unerfüllten narzisstischen Sehnsüchten nach Anerkennung und Liebe. Immer wieder finden wir den nicht gelungenen Energieaustausch, egal ob es um Wahrnehmung, Zuwendung, Rückmeldung, Engagement[33] im Dialog geht: zuviel Energie wird als Aggression erlebt, zu wenig als Desinteresse, erstarrte Energie als Fühllosigkeit, wirbelnde Energie als Ausweichmanöver. Zur sozialen Kompetenz zählt es, sich selbst als potenziellen Energiespender oder Energieräuber zu kennen und sein Potenzial bewusst und der Situation angemessen – nicht als Charakter chronifiziert – zu kommunizieren.

Fehlkommunikation

Charakter als verfestigtes Verhalten zeigt sich auch in den vier dysfunktionalen Kommunikationsstilen nach Virginia SATIR[34]; sie beschreibt
- Beschwichtigen: SATIR schreibt, der „Versöhnliche" spreche „in einer einschmeichelnden Art und Weise; er versucht zu gefallen; er entschuldigt sich und stimmt nie gegen etwas, egal was kommt. Er ist ein Ja-Sager. Er spricht, als könne er nichts für sich selbst tun. Er muss immer jemand finden, der ihn anerkennt."[35] Damit werden mögliche frühzeitig verbotene

---

33 Engagement verstehe ich hier im Sinne von E. GOFFMAN, der unter Engagement die Verpflichtung zur Aufmerksamkeit im Gespräch versteht: „Auf Grund der zeremoniellen Ordnung, in die die eigenen Handlungen eingebettet sind, gewinnt man den Eindruck, dass jede andersartige Verteilung des eigenen Engagements als Unhöflichkeit aufgefasst und entweder die anderen, die Szene als solche oder einen selbst in einen schlechtes Licht rücken würde." (E. GOFFMAN, „Interaktionsrituale", S. 126)
34 V. SATIR, „Selbstwert und Kommunikation", S. 81 ff.
35 V. SATIR, s. o., S. 86

Widerstandsimpulse unterdrückt – sie würden zu viel Angst auslösen. Durch unterwürfiges Verhalten wird aber auch versucht, die – möglicherweise tatsächlich tyrannischen, jedenfalls aber derart erlebten – Gesprächspartner zu gnädigem Entgegenkommen zu motivieren; unbewusst wird damit aber auch die Position des „moralischen Masochismus" („Seht her wie devot ich bin und wie tyrannisch die anderen!") eingenommen. Solch ein Verhalten macht einen selbst kleiner und hilfloser als man ist („erlernte Hilflosigkeit") und schädigt damit das latent vorhandene Potenzial an Aggression, das, wenn man es mit seinen Ängsten in Balance bringt, zur gelassenen Selbstbehauptung dienlich ist. In der sozialen Begegnung wird den anderen Information über die wahrhaftigen Gefühle und damit Bezug- und Rücksichtnahme vorenthalten. Missverständnisse sind vorprogrammiert.

- Anklagen: hier fehlt der Wille zum Dialog. Stattdessen wir monologisiert, Widerspruch niedergebrüllt oder verspottet und „sicherheitshalber" auf Selbstschutz durch präventiven Angriff gesetzt. SATIR schreibt: „Der Anklagende ist ein ‚Fehler-Sucher', ein Diktator, ein Boss. Er handelt überheblich, und er scheint zu sagen: ‚Wenn du nicht da wärst, wäre alles in Ordnung.' Innerlich fühlen sich die Muskeln und Organe angespannt an. Der Blutdruck steigt an. Die Stimme ist hart, fest, oft schrill und laut."[36] Selbst wenn die inhaltlichen Aussagen von „AnklägerInnen" nicht darauf abzielen, anderen Schuldgefühle zu machen und sie auf diese Weise dazu zu bringen, sich selbst klein zu machen um sich zu schützen, hat dieser Kommunikationsstil vielfach eben diese Wirkung: viele AdressatInnen ziehen sich in selbstkritische Gewissenserforschung zurück statt sich gegen die selbstgerechte Überheblichkeit solch „über-sicherer" Menschen zu wehren und sie aufzufordern, sich „auf gleicher Augenhöhe" mit denjenigen auseinander zu setzen, die ihre erhoffte Allmacht stören. Dieses vermeintliche

---

36 V. SATIR, s. o., S. 88

„Über-Sein" wird vielfach als Stärke missinterpretiert. Eine Ursache findet sich in unreflektierten Vorbildern der frühen Kindheit und Jugend, die im identifizierten Wiederholungszwang nachgespielt werden. Eine andere bildet die Übermenschentheorie Friedrich NIETZSCHES, die auch die Basis für das Herrenmenschenideal des Nationalsozialismus lieferte.[37] Die beiden Grazer Philosophieprofessoren GRABNER-HAIDER und STRASSER weisen auf die Sichtweise NIETZSCHES hin, „In der christlichen Religion und in der Ethik des Mitleids sei aber der Lebenswille der Menschen deutlich geschwächt worden. Doch jetzt sei es an der Zeit, auch die alte Ethik der Nächstenhilfe außer Kraft zu setzen, um ganz neue Kräfte des Lebens zu wecken. Der christliche Glaube und die Moral des Mitleids seien der Ausdruck einer geschwächten Lebenskraft und einer nihilistischen Daseinsdeutung."[38] Mit der neuen „Metaphysik der Macht und des Kampfes" wollte NIETZSCHE die die drohende Dekadenz und den Nihilismus überwinden, denn „Die ursprünglichen Lebenswerte der menschlichen Kultur seien Macht, Herrschaft und Stolz, doch das Christentum habe mit den Zielwerten der Demut, der Unterwerfung und des Mitleids eine ‚Sklavenmoral' in die Welt gebracht."[39] Diese Sichtweise des „Entweder-Oder" ignoriert, dass es außer Kampf und Sieg auf der einen und Unterwerfung und damit verbunden Niederlage noch weitere Alternativen menschlichen – ja sogar manchen tierischen – Verhaltens gibt. Sie wird auch in den so genannten Action-Filmen vermittelt und kann dabei wieder Spiegelnervenzellenbildungen auslösen.

- Rationalisieren: dieser Kommunikationsstil verabscheut ebenfalls Einfühlsamkeit und Mitfühlen, unterdrückt daher eigene Gefühlsregungen, meist mittels Muskelanspannun-

---

[37] A. GRABNER-HAIDER/P. STRASSER, „Hitlers mythische Religion", S. 76 ff.
[38] A. GRABNER-HAIDER/P. STRASSER, s. o., S. 78
[39] A. GRABNER-HAIDER/P. STRASSER, s. o., S. 79

gen im Gesicht („Pokerface") und im Hals-Nackenbereich („Ohren steif halten und Zähne zusammenbeißen") und spaltet so einen wesentlichen teil der eigenen Wahrnehmung und Lebendigkeit ab. Man ist dann „zu". Unerreichbar. Unerbittlich. SATIR schreibt: „Der Rationalisierer ist sehr korrekt und sehr vernünftig, ohne den Anschein eines Gefühls zu zeigen. Er ist ruhig, kühl und gesammelt. Er könnte mit einem Computer oder einem Nachschlagewerk verglichen werden. Der Körper fühlt sich trocken an, oft kühl und beziehungslos. Die Stimme ist trocken und monoton; die Wörter klingen leicht abstrakt."[40] In der Arbeitswelt gelten solche Robotermenschen oft als vorbildhaft, da sie nicht durch Gefühlsschwankungen abgelenkt erscheinen. Dabei toben oft tief in ihrem Inneren heftige Gefühlsstürme, die sie durch „Einbetonieren" zum Verschwinden bringen wollen. Wenn dann einmal der ultimative Gefühlsausbruch kommt – oft in „Workplace Violence" oder „Familientragödien"[41] – wundert sich Näherstehenden über diese Demonstration der bislang ungewohnten Emotionalität, denn „er war doch immer so ruhig ...". „Er" – denn es betrifft fast immer Männer, die einem Ideal extrem beherrschter Lonesome-Cowboy-Mentalität nacheifern, emotionale Nähe nicht zulassen wollen oder können (was bedeutet, dass sie es entweder – noch – nicht gelernt haben oder ihre Erziehungspersonen Verbote signalisiert haben) und dementsprechend ihre Gefühle nicht wahrnehmen geschweige denn sprachlich ausdrücken. So gestand mir einmal ein katholischer Priester, er habe sich in Telefonseelsorge versucht, dies aber gleich wieder aufgegeben, denn er „könne das nicht". Mir war der Untergrund dieses „Versagens" völlig klar: erfolgsorientiert und selbstgerecht sah er nur seinen Misserfolg, nicht aber den zu

---

40 V. SATIR, s. o., S. 90
41 Z. B. Schuss- oder Bombenattentaten im Betrieb oder durch Ausrottung der eigenen Familie, oft samt Unbeteiligter, die „zur falschen Zeit am falschen Ort" waren.

Grunde liegenden Mangel an Einfühlung, der für objektive Beobachter mit tiefenpsychologischem Fachwissen auch an seiner modulationsarmen Stimme diagnostizierbar war; um Ratsuchenden gegenüber zu „moralisieren" war er zu intelligent und grundsätzlich auch – in seinem Beruf unüblich – zu partnerschaftlich gesinnt. Gefühle bei anderen betrachtete er distanziert, wie einen Forschungsgegenstand, und sie irritierten ihn – er kannte sie ja nicht (mehr) von sich selbst, sollte sie ja auch nicht kennen. Ansteckungsgefahr! Derartige „Berufsdeformationen" finden sich meist auch in den juristischen und leider auch pädagogischen und psychologischen Berufen, während in Sozialarbeit und Psychotherapie besonderes Augenmerk darauf gelegt wird, dass Menschen nicht durch Verweigerung von Mitgefühl gesundheitlich geschädigt werden.

- Ablenken: dieser Kommunikationsstil kann auch als „Flucht nach allen Richtungen" bezeichnet werden. SATIR schreibt: „Was auch immer der Ablenkende sagt oder tut, es hat keine Beziehung zu dem, was irgendein anderer sagt oder tut. Er antwortet nie direkt auf eine Frage. Innerlich fühlt er sich schwindlig oder verschwommen. Die Stimme kann ein Singsang sein und passt oft nicht zu den Wörtern; sie kann sich ohne Ursache auf und ab bewegen, weil sie auf nichts gerichtet ist."[42] Ablenken kann ein unbewusster Versuch sein, sich nicht zu blamieren, und meist haben Ablenker auch eine Fülle von Leid durch höhnisch-spöttische Eltern, Lehrkräfte, Vorgesetzte erfahren, und, wie zahlreiche Studien zeigten, wenn die „oben" jemand „zum Abschuss frei gegeben" haben, wird das von der Kollegenschaft oft freudig aufgegriffen und fortgeführt. Wehren sich so zum Mobbingopfer gewordene Menschen, wird ihnen auf Grund ihrer Schwierigkeit, sich klar und eindeutig auszudrücken, die Glaubwürdigkeit abgesprochen – dabei ist dieses „Ausweichen" nicht Taktik oder Strategie, sondern Hinweis auf erlittene Traumatisierung.

---

42 V. SATIR, s. o., S. 92

Ablenken kann aber auch Symptom einer Suchterkrankung sein: da Menschen, die substanz- oder prozessabhängig sind, sich primär ihres Verlustes an Selbstkontrolle schämen und sekundär immer stärker ausufernde Lügengebäude errichten um ihre Fassade aufrecht zu erhalten, beweist das Ablenken nur ihre Angst vor dem Ertapptwerden. Vielfach verfangen sich dann die Co-Abhängigen[43] in einem Machtspiel, die objektive Wahrheit herauspressen zu wollen und treiben die männlichen oder weiblichen Alkoholiker, Spieler, Sexsüchtigen nur immer weiter in ihr Spinnennetz der Lügen hinein. Solche Verhöre bringen nur Stress – für beide Beteiligten. Sehr treffend beschreibt dies Antoine de SAINT-EXUPÉRY in der Begegnung des „Kleinen Prinzen" mit dem „Säufer": „Den nächsten Planeten bewohnte ein Säufer. Dieser Besuch war sehr kurz, aber er tauchte den kleinen Prinzen in eine tiefe Schwermut. ‚Was machst du da?' fragte er den Säufer, den er stumm vor einer Reihe leerer und einer Reihe voller Flaschen sitzend antraf. ‚Ich trinke', antwortete der Säufer mit düsterer Miene. ‚Warum trinkst du?' fragte ihn der kleine Prinz. ‚Um zu vergessen', antwortete der Säufer. ‚Um was zu vergessen?' erkundigte sich der kleine Prinz, der ihn schon bedauerte. ‚Um zu vergessen, dass ich mich schäme', gestand der Säufer und senkte den Kopf. ‚Weshalb schämst du dich?' fragte der kleine Prinz, der den Wunsch hatte, ihm zu helfen. ‚Weil ich saufe!' endete der Säufer und verschloss sich endgültig in sein Schweigen."[44] Ablenken besteht in all den Verhaltensweisen, die Verwirrung induzieren: man kennt sich nicht aus, fragt nach – und bekommt wieder keine erhellende Antwort, nicht einmal eine körpersprachliche.

---

43 Darunter versteht man Ehepartner, Eltern, Kinder, Kollegen und andere Nahestehende, die im guten Glauben, der suchtkranken Person helfen zu können, vor allem sich selbst zur Begleitperson von deren Abhängigkeit machen; tatsächlich müssen die Kranken aber an den Tiefpunkt gelangen, an dem sie selbst erkennen, dass er so nicht weitergehen wird, damit sich ihre bisherigen Denk- und Verhaltensmuster radikal verändern können.
44 A. de SAINT-EXUPÉRY, „Der kleine Prinz", S. 42 ff.

Alle vier Arten, eigenen Unsicherheiten zu entwachsen, zeugen von sozialer Inkompetenz: meist wird den Gesprächspartnern das jeweils komplementäre Klischee von Kommunikationsunfähigkeit unterstellt, das das eigene Gesprächsverhalten rechtfertigt: „Ich kann ja nicht anders, weil du so bist!"

Virginia SATIR beschreibt aber auch die fünfte, „kongruente" Reaktionsform. Sie nennt sie „fließend":

> „Bei dieser Reaktionsmöglichkeit zielen alle Teile der Botschaft in die gleiche Richtung – die Stimme spricht Worte, die mit dem Gesichtsausdruck, der Körperhaltung und dem Ton der Stimme zusammenpassen. Die Beziehungen sind leicht, frei und ehrlich. Es gibt kaum eine Bedrohung für das Selbstwertgefühl. Aus dieser Verhaltensweise entsteht keine Notwendigkeit zu beschuldigen, sich in eine rationalisierende Position zurückzuziehen oder in dauernder Bewegung zu sein."[45]

Unter diesen fünf Kommunikationsformen habe nur „fließende" die Chance, Brüche zu heilen, Stagnation innerhalb einer Beziehung zu durchbrechen oder zwischen Menschen Brücken zu bauen, denn dann entschuldige man sich ja, wenn man etwas tat, was man nicht wollte – beispielsweise jemand zu verletzen (was nicht mit dem Machtspiel „Jetzt hast du mich verletzt, du Schweinehund!" verwechselt werden sollte). Sie präzisiert: „Du entschuldigst dich für eine Handlung, nicht für deine Existenz."[46]

Deswegen ist Kommunikationsverweigerung nicht nur sozial inkompetent, sondern auch extrem gesundheitsschädlich: sie trifft die Person in ihrer Existenz.

„Ausgrenzung bedeutet die systematische Verweigerung der spiegelnden Verhaltensweisen im Alltag", betont Joachim BAUER, „mit denen wir uns unwillkürlich gegenseitig anzeigen,

---

45 V. SATIR, s. o., S. 95
46 V. SATIR, s. o., S. 95

dass wir den anderen als zugehörig zum gemeinsamen sozialen Bedeutungsraum betrachten." Und er demonstriert:

> „Verweigert werden zunächst einmal intuitive körpersprachliche Signale wie die kurzen Resonanzreaktionen im Vorübergehen oder die verschiedenen Verständigungsmöglichkeiten durch den Blick. ... Weiterhin entfällt bei Ausgrenzungsaktionen die ‚joint attention', also das Eingehen auf das, worauf der ausgestoßene Mensch seine Aufmerksamkeit richtet oder worauf er uns aufmerksam machen will. ... Verweigert werden sodann, und hier beginnen die größeren Kaliber, reziproke Reaktionen im Gesprächsverhalten, indem das, was der andere angesprochen oder als Frage in den Raum gestellt hat, übergangen wird, als wäre es nicht geäußert worden."[47]

Letztere Erfahrung machen vor allem Frauen, sogar statushohe, immer wieder, wie die Konstanzer Sprachwissenschaftlerin Senta TRÖMEL-PLÖTZ an vielen Beispielen[48] nachweisen konnte.

Die Gefahr der biologischen Zerstörung durch soziale Isolation ist nicht nur bei Mobbing gegeben, sondern auch bei Arbeitsplatzverlust oder Übergang in den Ruhestand, warnt Joachim BAUER, und ich ergänze: oder bei Familienverlust durch Scheidung oder andere Trennungserfahrungen. Ich habe etwa mit überproportional vielen traumatisierten KlientInnen psychotherapeutisch gearbeitet, die als Kinder einen Elternteil verloren hatten, selbst wenn es nur für einige Monate Spitalsaufenthalt war, und ihr Leid nie ausdrücken konnten. Unabhängig, welcher Kommunikationsstil im Dialog mit den Bezugspersonen der frühen Kindheit erworben (oder eben nicht erworben) wurde – er dient der Kontaktaufnahme oder Kontakterhaltung. Auch wenn sprachliche Attacken oder Beschwichtigungsversuche selten der gemeinschaftlichen Beziehungsklärung dienen,

---

47 J. BAUER, s. o., S. 105
48 Vgl. S. TRÖMEL-PLÖTZ, „Gewalt durch Sprache"

kann in ihnen immer auch ein Selbstheilungsversuch in einer Stresssituation erkannt werden.

Selbsthass

Narzissmus habe aber doch mehr mit Selbsthass als mit Selbstbewunderung zu tun, schreibt Richard SENNETT[49], und Bertrand RUSSELL weiß, „Der Selbsthass, ein verbreiteteres Gefühl, als man manchmal meint, hat die Neigung sich in Grausamkeit gegen andere Luft zu machen.", wobei aber der Wunsch, beherrscht zu werden, genau so stark und spontan sei wie das Verlangen zu herrschen.[50] Was oft als ungehöriges Benehmen abqualifiziert wird, entpuppt sich in der tiefenpsychologischen Arbeit als unbewusster Versuche, Bestrafung zu erlangen – nicht als negativer Stroke sondern als Buße.

So erinnere ich mich an einen Kirchenmann, der in der Konfrontation mit einem seiner nunmehr erwachsenen Schüler, den er als Jugendlichen schwerst sexuell ausgebeutet und auf Jahre hinaus traumatisiert hatte, gequält darauf hinwies, wie er doch quasi als Buße später jahrzehntelang unter schwierigsten Bedingungen Gelder für verschiedenste Hilfsprojekte gesammelt hätte. Gleichzeitig beschwor er aber den Mann, der Polizei gegenüber seine Handlungen zu verharmlosen, damit er in seinem hohen Alter nicht staatlich bestraft würde – er sei doch durch seine jahrelangen Gewissensbisse genug gestraft.

RUSSELL beruft als Beispiel Ignatius von LOYOLA, wenn er über ihn schreibt:

„Der Mentalität eines solchen Mannes ist der Sündenbegriff mit allem mythischen Zubehör durchaus gemäß. Vor Gott oder den Göttern ist er selbst ein elender Sünder. Er kann sich in der Einsamkeit des privaten Gebets erniedri-

---

49 C. LASCH, s. o., S. 60
50 B. RUSSELL, s. o., S. 169

gen, ohne bei anderen Menschen an Gesicht zu verlieren. Er kann Vergebung erstreben durch Verzicht auf Freuden und freiwilliges Aufsichnehmen von Schmerzen, die, wie er glaubt, weniger arg sind als die Höllenqualen und sie ersetzen können. Auf diese Weise wird, wenn seine Einbildung sich himmlische Mächte ersonnen hat, vor denen er sich zum bloßen Erdenwurm erniedrigt, sein Verlangen nach Unterwerfung voll befriedigt, ohne dass seine Herrschergelüste in irgendeiner Hinsicht zu kurz kommen. Im Gegenteil: da alle Menschen Sünder sind und er einen heldenhaften Kampf gegen die Sündhaftigkeit auszufechten hat, ist er durchaus berechtigt, die Charakterstrenge, die er durch Selbstzucht erworben hat, bei der ebenso willkommenen Aufgabe, andere zu erziehen, walten zu lassen. Von der eigenen Askese geht er stracks ans Werk, andere derjenigen Freuden zu berauben, denen er selbst entsagt hat, und wenn wir auch den Eindruck haben, dass sein Bestreben auf Macht gerichtet ist, so scheint er doch vor dem Tribunal seines Gewissens nur damit beschäftigt, der Tugend um jeden Preis zum Siege zu verhelfen."[51]

Leben spielt sich immer in Beziehungen ab; wir sind immer im Austausch mit anderen – ob wir es nun wahrnehmen oder nicht. Sozialkompetenz beginnt mit der Wahrnehmung dieser Beziehungen; soziale Inkompetenz kann einen Versuch darstellen, sich vor dieser Wahrnehmung zu schützen, und der kann in Destruktivität ausarten. So schreibt Erich FROMM:

„Liegt die Besonderheit – und das Tragische – des menschlichen Handelns nicht gerade darin, dass der Mensch versucht, sich seinen Konflikten nicht zu stellen; das heißt, dass er nicht bewusst die Wahl trifft zwischen dem, was er – aus Habgier oder Angst – tun möchte, und dem, was ihm sein Gewissen verbietet?"[52]

---

51 B. RUSSELL, s. o., S. 170
52 E. FROMM, „Anatomie der menschlichen Destruktivität", S. 71

Beziehungen spielen sich immer in einem Wechsel von Nähe und Distanz ab; Tiere stellen die Haare auf, beginnen die Zähne zu fletschen und zu knurren, wenn jemand in ihre Sicherheitszone eindringt. Sie verteidigen ihr „Revier". Bei Menschen ist diese instinkthafte Reaktion, wie man sie noch bei Säuglingen beobachten kann, wenn sie um sich schlagen und schreien, wenn sie sich nicht wohl fühlen, meist „aberzogen": ein „braves", d. h. egal mit welchen Methoden angepasstes oder gar traumatisiertes Kind lässt mit sich geschehen; mögen wird es sich dafür nicht.

„Wenn die pathologischen Prozesse gesellschaftlich geprägte Formen annehmen," zeigt Erich FROMM, „verlieren sie ihren individuellen Charakter." Das kranke oder gestörte, verstörte Individuum fühlt sich dann bei allen ähnlich kranken Individuen in bester Gesellschaft, ja die ganze Kultur ist dann auf diese Art der Pathologie eingestellt und findet Mittel und Wege, die passenden Befriedigungen für diese Pathologie bereit zu stellen.[53]

Wenn in einer Gesellschaft soziale Inkompetenz – „Gib ihnen Saures!" oder „Denen muss man die Waden nach vorn richten!", auf gut Altgriechisch: „Ho me dareis anthropos ou paideuetai" („Ein Mensch, der nicht geschunden wird, wird nicht erzogen", Übersetzung R.A.P.) – zur Spielregel wird, egal, welche Negativfolgen an Leib und Seele dies nach sich zieht, besteht die „bereit gestellte Befriedigung" in der Sicherheit, nicht aus der Norm zu fallen. Bertrand RUSSELL meint dazu:

> „Es gehört zu den großen Vorteilen, die der Glaube an die Sündhaftigkeit dem Tugendhaften immer geboten hat, dass er ihm Gelegenheit verschafft, ohne Gewissensbisse anderen Schmerzen zu bereiten."[54]

Genau dies können wir gegenwärtig in den Rechtfertigungsstrategien gegenüber den so genannten Schurkenstaaten beobachten.

---

53 E. FROMM, s. o., S. 401
54 B. RUSSELL, s. o., S. 170

Geglückte Selbstheilung

Seelenfrieden erlangt man, wenn man die widersprüchlichen Anteile des Denkens und Fühlens in Balance bringt. Schattenintegration heißt dies in der Terminologie des Schweizer Psychiaters und Tiefenpsychologen C. G. JUNG.

So wie es niemand gibt, der nicht irgendwo am Körper eine Narbe aufweist und sei sie noch so winzig, gibt es auch niemand, dem nicht seelische Verletzungen zugefügt wurden und der deren Spuren in sich trägt. Manche verstecken diese Zeichen ihres Erlebens, empfinden sie als Makel, hassen sich dafür und bezichtigen sich der Schuld, die zugrunde liegenden Insultationen nicht vermieden oder verhindert zu haben.

So erinnere ich mich an eine Klientin, ein Frau in der zweiten Hälfte ihres Lebens, aus einem kleinen steirischen Ort stammend, die in den Tagen nach der so genannten Befreiung Österreichs vom NS-Regime von mehreren russischen Soldaten vergewaltigt worden war. Sie hatte alle Mühe darauf verwandt, dass niemand von ihrer „Schande" erführe – vor allem nicht ihr späterer Ehemann. Sie fühlte sich winzig und schmutzig, über dreißig Jahre lang. Der Gedanke und das Gefühl, dass sie sich selbst Respekt zollen dürfe, dass sie trotz dieser hochtraumatischen Erfahrung nicht verrückt, verbittert oder rachsüchtig geworden war, war ihr noch nie gekommen. Sie war traurig – und trauern ist in solch einem Fall auch der heilsame Reinigungsprozess; manchmal braucht es eben sehr vieler Tränen. Und dass sie sich instinktiv vor sozial inkompetenten Reaktionen, sei es vom Ehemann, sei es von anderen Personen aus ihrem Nahumfeld, zu schützen entschieden hatte, bewies ebenfalls ihre kluge Einschätzung ihrer Lebensrealität. Nur: Verhalten und Gefühle sind nicht das Gleiche.

Aber so wie man körperliche Narbenbildungen mit scharfem Laserlicht zum Verschwinden bringen kann, hilft auch der geistige Scheinwerferschwenk hin zu den seelischen Vernarbungen, diese einzuebnen, was bedeutet, ihr Areal vom Schwanken zwischen Hoch und Tief, vom exhibitionistischen Herzeigen und schamhaften Verbergen, zu einem gleichmütigen „Es ist" oder „Es war" zu formen. Keine Erleuchtung ohne Beleuchtung: erst wenn man wahrnimmt, kann man die Alternativen zur Bewältigung finden.

Rettung können wir nur finden, meint Bertrand RUSSELL, wenn wir versuchen, den Menschen und seine Triebe zu verstehen und Wege zu finden, diese Triebe dem Ziel des Glücks und der Zufriedenheit zu lenken und nicht wie einst und jetzt der unbeabsichtigten und ungewollten Katastrophe.[55] RUSSELL spricht damit die Gefahren der Zerstörung unseres Lebensraumes an. Ich spreche von den Denk- und Verhaltensweisen der Menschen, die für die Vermeidung oder Bewältigung dieser Gefahren verantwortlich sind, ihre Wünsche und Ängste, ihre Charaktere und ihre mehr oder weniger gelungenen Selbstheilungsversuche. Sie sollten sozial kompetent sein bzw. werden; das bedeutet, den Zweifel an gewohnten Denkstilen zuzulassen, damit ihr Wirken für alle salutogen werden kann.

„Zweifeln ist kein Lebensstil, es ist ein vorläufiges Denksystem.", warnt der große Humanist Frederick MAYER, „Wenn es zu dauernder Neutralität führt, bedeutet es ein Ausweichen von moralischer Verantwortung." Denn: „Es ist unsere Aufgabe, für Humanität einzutreten und zu kämpfen."[56]

---

55 B. RUSSELL, s. o., S. 172
56 F. MAYER, s. o., S. 22

*"Ein Mensch voller Hass behandelt Menschen wie Dinge;
ein Mensch voller Liebe verleiht sogar toten Gegenständen
eine lebendige Persönlichkeit."*
OSHO[1]

Soziale Inkompetenz als Machtmissbrauch

Krafträuber

Der Verzicht auf prosoziale oder auch nur sozial kompetente Verhaltensweisen kann auch (kurzfristige) Taktik oder gar (langfristige) Strategie sein, die eigene Macht auf Kosten anderer zu vergrößern. Solche Selbstinszenierungen sind kurzsichtig: sie können oder wollen nur den eigenen Vorteil sehen und verabsäumen es, andere zu fördern, unterstützen oder zu Verbündeten zu gewinnen.

Im Gegensatz zu den oft unbewusst ziemlich verzweifelten Versuchen, die eigene Selbstachtung zu bewahren – das wäre dann eine psychische Überlebensnotwendigkeit – oder überhaupt erst aufzubauen – das wäre eine Selbstheilungsrezeptur – manipuliert der Unterwerfungsstratege mit voller Absicht bei anderen deren
- Wahrnehmung,
- Vertrauen,
- Kooperationsmotivation,
- Selbstwertempfinden,
- Selbstgestaltung und damit
- ihre körperlich-seelisch-soziale Gesundheit. (Die mentale und spirituelle aufrecht zu erhalten, gelingt meist, wenn von anderen hinreichend soziale Unterstützung geleistet wird, das bedeutet aber großen Kraftaufwand.)

---

1 OSHO, s. o., S. 96

MitarbeiterInnen wie auch Familienangehörigen die Lebenskraft (das Immunsystem) zu schwächen, ist aus meiner Sicht eine schwere Körperverletzung; da aber viele der schädigenden Verhaltensweisen als ganz „normal", weil üblich, akzeptiert werden, werden sie kaum als das diagnostiziert, was sie sind: der Ansatz zu sozialem Mord oder Totschlag – in Raten. Die niederträchtigen Akte werden deshalb portionsweise angewandt, weil so die Indizien besser verborgen werden können: „man spürt die Absicht und man wird verstimmt" – aber gerichtsfirm beweisen kann man sie nicht.

Die zitierte Absicht vermittelt sich über die „Chemie", von der der Volksmund sagt, dass sie „stimmen" muss. Ich entschlüssele diese Wortwahl folgendermaßen:
- Wenn wir kommunizieren wollen, symbolisieren wir unsere Botschaften in Sprache aber auch in Bildern; dazu zähle ich nicht nur beispielsweise Flaggensprache oder Rauchsignale als er„sicht"liche Zeichen, sondern auch etwa Mimik und Gestik.
- Diese körpersprachlichen Signale können unbewusst oder bewusst gesendet werden. Sie können kongruent sein (authentisch, d. h. Inhalt und Form stimmen überein) oder inkongruent, was bedeutet, dass zwei oder mehr Botschaften gleichzeitig verkörpert werden. Eines dieser Phänomene der Inkongruenz ist Lügen: man spürt, dass etwas anderes gedacht als gesagt wird; ein anderes ist das neurotische Symptom: meist aus der Vergangenheit stammende verborgene Gefühle drücken sich dabei über die Mimik oder Gestik aus oder durch den Tonfall der Stimme, eine Veränderung der Hautfärbung etc., aber auch durch Fehlleistungen[2].
- Unabhängig von diesen sichtbaren und hörbaren Ausdrucksformen, die allfällig anwesende ZeugInnen bestätigen könn(t)en (wenn sie nicht bevorzugen, in der „Schweigespirale" zu verharren!), gibt es aber auch die „nur" spürbaren: die bioelektrische Ausstrahlung. Nicht jeder Gedanke wird

---

2   S. Fußnote 8 unter „Selbstheilungsversuche"

bewusst registriert, oft bleibt er unbewusst, wird aber dennoch in einer Handlung verwirklicht; jeder Gedanke ist jedoch ein chemisch-elektrischer Prozess und daher über das bioelektrische Kraftfeld erfahrbar und kann mit dem Galvanometer („Lügendetektor") gemessen werden. Mittels dieses Rezeptors können die Veränderungen („Kurven") des elektrischen Hautwiderstands auf dem angeschlossenen Bildschirm in bildhafte Darstellung „übersetzt" werden.

- Da aber alles Denken als Aktivierung bereits erworbener Neurosignaturen verstanden werden kann, bietet sich folgendes ergänzende Erklärungsmuster an: wenn unsere Nervenzellen feuern, werden chemische Botenstoffe, die so genannten Neurotransmitter ausgeschüttet, wobei zuerst die Wahrnehmungsneuronen, danach mit minimaler Zeitverzögerung die Handlungsneuronen feuern – und auch da gibt es noch Zeit„lücken". So weist der Internist und Psychiater Joachim BAUER darauf hin, „dass jede ausgeführte willentliche Tat mit einer Aktivierung der Handlungsneurone beginnt, die den Plan bzw. das Konzept für die Ausführung der jeweils beabsichtigten Handlung im Programm haben. Erst kurz danach, etwa ein bis zwei Zehntel einer Sekunde später, kommt es zur Aktivierung der die entsprechenden Muskeln kontrollierenden Bewegungsneurone." Und weiter: „Doch nicht jede Aktivität einer Handlungsnervenzelle führt zur Realisierung einer Tat. Das Handlungsneuron kann feuern, ohne die Handlung auszuführen, es also beim Handlungsgedanken, bei der *Vorstellung einer Aktion* bewenden lassen."[3] Mir ist wichtig, zu ergänzen: Die zugehörige Botenstoffausschüttung ist dennoch durchgeführt und – wahrnehmbar[4]. Ich formuliere oft scherzhaft in Anspielung auf

---

[3] J. BAUER, s. o., S. 36
[4] Und genau auf diese Wahrnehmung konzentrieren sich beispielsweise personzentrierte PsychotherapeutInnen, wenn sie sich „empathisch" einfühlen. Sigmund FREUD benützte allerdings schon lange vorher die Formulierung von der Kommunikation „von unbewusst zu unbewusst".

die häufigen Fehlreaktionen auf Hundegebell: „Ein Tropfen Angstschweiß – und der Hund hat gewonnen!" Hunde riechen unsere chemischen Botschaften. Sensible Menschen können das auch. Unsensible streiten ab, dass es so etwas überhaupt gibt. Sie beweisen damit, dass sie nur ihre eigene beschränkte Wirklichkeitssicht gelten lassen – ein deutliches Zeichen von sozialer Inkompetenz.

- Da der Volksmund über hochsensible Menschen sagt, „Der hört das Gras wachsen" oder „Der hat einen Riecher", vermute ich, dass es durchaus auch möglich wäre, dass manche Menschen feinste Veränderungen im Atemrhythmus hören oder die zitierten Neurotransmitterausschüttungen riechen können. Mir selbst fällt immer wieder auf, wie stark gerade der Geruchssinn mancher Menschen ausgeprägt ist – und wie oft ihnen diese Wahrnehmung von weniger sensiblen auszureden versucht wird. Meiner Beobachtung nach geschieht dies vor allem deshalb, weil diesen Menschen Kontrolle anderer extrem wichtig ist und sie daher nicht mehr Wahrnehmung zulassen wollen als ihnen selbst vertraut ist[5].

- Das Verbot der Wahrnehmung findet sich auch in Sätzen wie „Das sehen Sie falsch!" oder „Das bilden Sie sich nur ein!" Dabei machen wir uns immer „geistige Bilder", bilden uns also im wahrsten Sinn des Wortes etwas ein. Aus der Häufigkeit solcher Suggestivformulierungen wird erkenntlich, wie stark das Kontrollbedürfnis mancher Menschen ist – und wie wenig Interesse und Respekt sie an der Wahrnehmung anderer haben. Bei Eltern stellt dies einen schweren Erziehungsfehler dar, in der Arbeitswelt disqualifiziert sich jemand mit diesem Charakterzug gleichermaßen für jegliche Führungsaufgaben.

---

5   Besonders krass ist dieses Verbieten in dem Roman „1984" von George ORWELL dargestellt: da werden sogar Gefühle verboten, da diese ja zu Spontanverhalten führen könnten.

Aus der gelegentlichen Taktik, anderen nur „von unten nach oben" (Beschwichtigen), „von oben nach unten" (Anklagen) oder „gar nicht" (Rationalisieren) zu begegnen oder sich ihnen durch Verwirrspiele zu entziehen (Ablenken)[6], kann sich unbewusst ein Persönlichkeitszug entwickeln. Es geht dann nicht mehr um gemeinsame Problemlösungen oder auch besseres Kennenlernen sondern nur mehr darum, seine eigene Siegerpose oder Machtkulisse aufzubauen und zu bewahren.

Der Führungskräftetrainer Albert THIELE listet als Ursachen für „schlechtes Zuhören" – ich formuliere ersatzweise „für Vorenthalten von Respekt" – folgende Ursachen auf:
- Ich-bezogene, dogmatische Grundhaltung,
- mangelndes Einfühlungsvermögen,
- fehlende Geduld,
- Vorurteile, die mit innerem Dialog wie „Mein Gegenüber hat sowieso keine Ahnung" einhergehen können und
- starkes Selbstdarstellungsbedürfnis auf.[7]

All das sind Indikatoren für mangelnde soziale Kompetenz. So findet keine echte Kommunikation statt, sondern die anderen werden nur mehr als „Nahrung" für den ewigen Hunger nach Anerkennung, Bewunderung und die Selbstbestätigung, dass man selbst der oder die einzige Koryphäe ist, missbraucht. Sofern die eigene Wahrnehmung noch intakt ist – und anderenfalls durch Unterstützung unbeteiligter Außenstehender – ist festzustellen, dass man manipuliert wird. So wie die grauen Herren in Michael ENDES Symbolroman „Momo" durch gieriges Ziehen an ihren Zigarren der Zeit der Menschen bemächtigen, nehmen solche „Energiesauger" anderen Zeit (nämlich auch die Zeit, den Kraftverlust im Nachhinein wieder wettzumachen) und wesentliche Bereiche ihrer Vitalität, schädigen also damit die Person UND das Unternehmen – und dafür wird niemand bezahlt!

---

6 Vgl. die Beschreibung der vier dysfunktionalen Kommunikationsstile nach Virginia SATIR, s. S. 100
7 A. THIELE, „Argumentieren unter Stress", S. 147

Intuition

Ob jemand physische, emotionelle (dazu zähle ich hier der Einfachheit halber auch sexuelle bzw. energetische), mentale, finanzielle oder strukturelle Macht[8] anwendet, um sich jemand unterlegen zu machen, ist häufig nicht nur Mittel zum Zweck sondern Ziel an und für sich. Das Motiv dafür kann dann
- erlerntes Sozial- oder richtiger: Asozialverhalten sein,
- primäres (als Lebensprinzip beispielsweise wegen vermeintlich vorenthaltener Lebenschancen durch Eigenschaften der Geburt) oder sekundäres (auf Grund konkreter Negativerlebnisse mit bestimmten Personen) Rachebedürfnis oder
- sadistischer Lustgewinn (mit oder ohne Fixierung auf bestimmte Details der Person oder der Situation).

Von klein auf zu Vertrauen verpflichtet, fällt es den meisten Menschen schwer, sich selbst das nötige Misstrauen zuzugestehen, das intuitiv in ihnen hoch steigen will, wenn sie mit böswilligen Menschen (d. h. der Erfahrung derer Neurotransmitterausschüttungen, die ihre feindliche Absichten begleiten) in Kontakt geraten. Weil sie so gerne an das Gute im Menschen glauben möchten (oder auf Grund ihrer Erziehung vielleicht gar nicht anders können), reden sich ihre Wahrnehmung aus.

Dabei haben die Beobachtungen des amerikanischen Sicherheitsberaters Gavin de BECKER klar aufgezeigt, dass gerade die Intuition ein deutliches Signalsystem gegen Manipulation und Gewalt bieten könnte. Nach der Analyse der „Historie" zahlreicher Gewalttaten hinsichtlich ihrer „Inszenierung" und der vorbewussten Reaktionen der Gewaltopfer auf eben diese Verhaltensweisen, resümiert er: „Es gibt einen universellen Code der Gewalt"[9], denn er weiß:

---

8   Ich verwende hier das Wort Macht in Abgrenzung zu Gewalt: bei dieser ist die Unterwerfung niemals freiwillig, bei jener kann sie es durchaus sein.
9   G. de BECKER, „Mut zur Angst", S. 17

„Die Art menschlicher Gewalt, die wir am meisten verabscheuen und fürchten, nämlich diejenige, die wir ‚zufällig‘ und ‚sinnlos‘ nennen, ist keines von beiden. Sie hat immer ein Ziel und einen Sinn, zumindest für den Täter."[10]

Ähnlich zeigen auch die Untersuchungen des auf Sexualstraftäter spezialisierten britischen Bewährungshelfers Ray WYRE in der von ihm gegründeten Gracewell Clinic, dass „Vergewaltigungen nicht die spontane Tat eines Mannes in den Fängen eines unkontrollierbaren sexuellen Dranges ist, sondern oft ein in der Fantasie vielfach durchgespielter Versuch, über einen anderen Menschen Gewalt auszuüben."[11] WYRE differenziert diese Gewalttäter nach

- gehemmten mit unterdrückter Kompensationsneigung in destruktivem Verhalten,
- zornigen, die sich mit der Verschiebung auf eine andere Person an einem dominanten Menschen in ihrem Umfeld rächen wollen,
- antisozialen oder kriminellen oder in einer anderen Weise soziopathischen Gewalttätern, die selbstsüchtig, berechnend und selbstgerecht Menschen wie Sachen behandeln, mit denen sie nach Belieben verfahren können, und
- Sadisten, die sich an Angst und Schmerz weiden.[12]

Alle vier Formen der Unfähigkeit und Unwilligkeit, sich mit sich selbst und innerseelischen Spannungen sozial kompetent umzugehen, finden sich auch in der Arbeitswelt oder privaten Beziehungen – nur wollen sie dort viele nicht wahrnehmen, weil das die permanente Gefährdung und den damit verbundenen Stress bewusst machen würde. Immer wieder kommen dann Ratsuchende – meist Frauen – und fragen verzweifelt: „Warum tut mir mein Chef/Ehemann das an? Ich habe ihm doch nichts

---

10 G. de BECKER, s. o., S. 27
11 R. WYRE/A. SWIFT, „Und bist du nicht willig ... Die Täter", S. 13
12 R. WYRE/A. SWIFT, s. o., S. 31 ff.

getan!" und ich antworte dann trocken: „Weil er es so will." Die Erkenntnis, dass manche Leute ohne übergeordneten ethischen Wert („Ich tue das nur zu deinem Besten!") anderen Leid zufügen, wird schon in der Kindheit tabuisiert – sonst wäre ja das Image der „heilen Familie" zerstört[13].

Die französische Psychoanalytikerin Marie-France HIRIGOYEN nennt solches Verhalten der Destabilisierung anderer pervers und warnt:

> „Die Perversion fasziniert, verführt und macht angst. Manchmal beneidet man die Perversen, weil man ihnen eine Überlegenheit zuspricht, die es ihnen erlaubt, stets Sieger zu sein. In der Tat verstehen sie es, ganz unauffällig zu manipulieren, was ein Trumpf zu sein scheint in der Welt der Geschäfte oder der Politik."

Denn: „Am meisten bewundert wird der, der es versteht, das Leben zu genießen und sowenig wie möglich zu leiden."[14] Das erklärt die Erkenntnis von Gavin de BECKER weshalb Gewaltprävention immer nachhinkt:

> „Wir möchten gerne glauben, dass sich menschliche Gewalttaten irgendwie unserem Verständnis entziehen, denn solange sie uns ein Geheimnis bleiben, entziehen wir uns der Pflicht, sie zu meiden, sie zu untersuchen und auf sie vorbereitet zu sein. Wir brauchen keinerlei Verantwortung dafür zu übernehmen, dass wir die Signale nicht gelesen haben, wenn es keine Signale gibt ..."[15]

So wie nur wenige realisieren (wollen), dass perverse Menschen Freude daran haben, andere sozial (und damit aber auch leibseelisch) zu schwächen oder gar zu vernichten, verschließen

---

13 R. A. PERNER, „Darüber spricht man nicht", S. 27 ff.
14 M.-F. HIRIGOYEN, „Die Masken der Niedertracht", S. 12
15 G. de BECKER, s. o., S. 28

sie ihre Augen vor den Anzeichen, dass jemand sie „abtestet", ob sie geeignete Opfer für seine Vorhaben sind. Sie tun es[16].
Sie „erzwingen" Gemeinsamkeiten, indem sie frühzeitig (unerwünschtes) Vertrauen herstellen (etwa durch Angeben von gemeinsamen Zielen, gemeinsamen Erfahrungen, Verwandtschaften ...) und dadurch einerseits Informationen heraus zu locken (de Becker nennt dies „Interview" oder auch „Opfereinschätzung"), andererseits Abwehrmaßnahmen als unhöflich oder aggressiv definieren können;
- mit Charme und (unerbetenen) Nettigkeiten Gutartigkeit vortäuschen;
- erzählen viel zu viele Details über ihr angebliches Leben, nehmen sich dadurch im Gegenzug Vertraulichkeiten heraus und lenken damit von Wesentlichem ab;
- sie legen ihre Zielpersonen auf Eigenschaften fest („Seien sie doch nicht so streng!");
- sie versuchen, die anderen von sich abhängig zu machen, beispielsweise in dem sie Hilfsdienste aufdrängen und so Schuldgefühle erzeugen, denn „Jemandem etwas schulden, macht es schwer, ihn zurückzuweisen"[17]. (Gavin de BECKER nennt dies „wuchern" und appelliert an seine Geschlechtsgenossen: „Wir Männer müssten doch Annäherungstechniken entwickeln können, die nicht auf Betrug und Manipulation beruhen". Ich ergänze: „Wir Frauen auch!");
- geben unerbetene Versprechen ab;
- überhören das Wort Nein; de BECKER schreibt: „‚Nein' ist ein Wort, über das man nie verhandeln sollte, weil die Person, die es überhört, damit immer versucht, Sie unter ihre Kontrolle zu bringen." Und: „Wenn Sie sich von jemandem überreden lassen, Ihr Nein zurückzuziehen, können Sie genauso gut ein Schild um den Hals tragen, auf dem steht: ‚Sie haben die Macht'."[18]

---

16   G. de BECKER, s. o., S. 82 ff.
17   G. de BECKER, s. o., S. 90
18   G. de BECKER, s. o., S. 93

Sozialkompetenz besteht darin, andere nicht zu überfallen oder zu überlisten. Was redlich ist, kann man bereden – und was unredlich ist, sollte man überhaupt nicht denken. Dennoch gehört zur Sozialkompetenz umgekehrt auch dazu, sich anderen nicht fahrlässig als Opfer anzubieten sondern zur eigenen Wehrhaftigkeit zu stehen, aber eben in einer sozial akzeptablen Form. Wenn man sich gegen GewalttäterInnen bereits präventiv zur Wehr setzen will[19], sind Drohungen eine Revierüberschreitung, Beschwerden bei Dritten ein feiger Schlag in den Rücken (deswegen braucht es ja deklarierte Beschwerdestellen, in denen mediatorisch ausgebildete Fachleute arbeiten) und alles andere nur Formen psychologischer Kriegsführung, also wiederum ein Machtspiel und damit Beweis der Inkompetenz, ein klärendes Gespräch zu führen.

Worauf achten?

Wiederum geht es um Achtsamkeit – auf sich selbst wie auf andere(s). Gavin de BECKER schreibt etwa über Sicherheitsrisiken:

> „Eine Frau, die beim Joggen Musik über den Kopfhörer genießt, hat den Sinn, den ihr Überlebensinstinkt ihr dafür zur Verfügung stellt, herannahende Gefahren zu entdecken, ausgeschaltet: ihr Gehör. Und die Kabel, die zu ihrem Kopf führen, lassen alle schon von weitem diese Tatsache erkennen."[20]

De BECKER kritisiert in diesem Zusammenhang auch, dass Frauen meist so erzogen wurden, dass sie Männern nicht direkt in die Augen schauen und damit wiederum einerseits ihre Sehkraft nicht optimal nutzen, andererseits aber auch darauf verzich-

---

19 Eine Anleitung zur sozial kompetenten Führung solch schwieriger Gespräche findet sich im Kapitel „Sozialkompetenz als Haltung", S. 155
20 G. de BECKER, s. o., S. 101

ten, gewalttätigen Menschen zu signalisieren, kein zögerliches, ängstliches Opfer in spe zu sein. Denn: Ein Sicherheitsrisiko hat nicht nur das potenzielle Opfer sondern auch der Täter (Täterinnen sind seltener), nur ist der aufmerksamer und meist auch erfahrener. Oder er zählt auf die Unterstützung anderer – denn gewalttätige, Macht missbrauchende Menschen flößen nicht nur den direkten AdressatInnen ihrer Gewalt Angst ein sondern auch all denen, die eigentlich protestieren sollten.

Es ist die Furcht des kleinen Kindes vor Macht missbrauchenden „Großen", die Selbstbehauptung und Solidarität verhindert. Sie stellt keine primäre Angst dar, sondern ist sekundär: ich habe in der Zeit meiner teilnehmenden Beobachtungsarbeit im Verein Jugendzentren der Stadt Wien immer wieder beobachten können, wie Drei-, Vier-, Fünfjährige protestierend dazwischen rannten, wen jemand ihre Mütter, seltener Väter attackierte – genau so wie Hund knurren, wenn ihren BesitzerInnen Unbill widerfährt. Es ist nicht der „unverfälschte Instinkt" des Hundes, weiß Gavin de BECKER, sondern der Hund spürt die Furcht im Menschen und reagiert darauf. „Das Problem liegt viel eher in etwas Besonderem, das Sie haben und der Hund nicht: das ist die Urteilskraft, und die hindert Sie in Ihrer Wahrnehmung und Intuition", betont Sicherheitsexperte und fragt: „Können Sie sich ein Tier vorstellen, dass auf die Gabe der Angst so reagiert wie manche Leute, nämlich mit Verärgerung und Verachtung, statt mit Aufmerksamkeit?"[21]

Auch Menschen mit Macht praktizieren gerne Verärgerung und Verachtung, nicht nur, wenn etwas nicht nach Wunsch und Willen funktioniert, sondern oft nur um Überlegenheit zu demonstrieren. Oder Unterlegene zu schaffen. „Zum Gestus der Macht gehört die Distanz", weiß die Sozialwissenschaftlerin und langjährige Vizepräsidentin der deutschen UNESCO-Kommission Verena METZE-MANGOLD[22]. Distanz kann man herstellen durch „Umschalten" der Wahrnehmung vom Fühlen

---

21 G. de BECKER, s. o., S. 93
22 V. METZE-MANGOLD, „Auf Leben und Tod", S. 13

zum Schauen – und dazu werden wir vor allem durch den Konsum visueller Medien „trainiert". METZE-MANGOLD zitiert den Bericht der nach ihrem Vorsitzenden benannten „Eisenhower-Kommission", die 1968 nach den Morden an J. F. und Robert Kennedy sowie Martin Luther King zur Erforschung der Ursachen der Gewalt und deren Prävention eingesetzt wurde, die „Gewalt nicht als einen einzelnen Akt, sondern ein komplexes soziales Szenario der Macht und der Viktimisierung" begriffen hatte, denn „die grundlegende Funktion und soziale Rolle ritualisierter dramatischer Gewalt ist die Aufrechterhaltung von Macht. Diese Dramaturgie führt in ihrer kollektiven Lektion tendenziell dazu, ein Bewusstsein hierarchischer Werte und hierarchisierter Gewalt zu kultivieren ..."[23].

Verärgerung und Verachtung sind vielfach „Ersatzgefühle" für ein früher erlittenes Leid wie Demütigung, oder Angst, und hier wieder vor allem für eigene Unterlegenheits- und in deren Gefolge Enttarnungsängste. Sie führen jedoch nicht zum mehr Sicherheit, sondern verhindern die Sicherheit, die aus der solidarischen Unterstützung durch andere Menschen gewonnen werden könnte.

Verärgerung und Verachtung sind aber auch Trennungstechniken: sie zerschlagen quasi den Knoten der sozialen Bindung und machen damit scheinunabhängig. Die Analysen des „universellen Code der Gewalt", den Gavin de BECKER aus den von ihm bearbeiteten Übergriffen und Verbrechen entschlüsseln konnte, zeigen nämlich auch, dass

> „Opfer, wenn der Schock der Gewalttat sich einigermaßen gelegt hat, in Gedanken immer wieder in den bestimmten Flur oder auf den Parkplatz zurückkehren, zurück zu den Anblicken, Geräuschen, Gerüchen, zurück zu dem Zeitpunkt, an welchem sie noch die Wahl hatten, bevor sie unter die bösartige Kontrolle eines anderen gerieten, bevor sie die intuitive Angst verdrängt und verleugnet hatten."[24]

---

23 V. METZE-MANGOLD, s. o., S. 62 ff.

Das ist emotionale (und damit gleichzeitig hormonelle, wenn man die Ausschüttung von Stresshormonen mitberücksichtigt) Bindung an diese Situation und damit Bestandteil des Traumas.

Machtstreben

Macht ist an und für sich wertneutral – man kann sie prosozial – konstruktiv, fördernd, salutogen oder asozial, gar antisozial[25] – destruktiv, schädigend, pathogen einsetzen.
Machtmissbrauch findet also in dreifacher Weise statt:
- einerseits gegen sich selbst – statt sich selbst Heilung von zugefügtem Leid zu gönnen, wird ein Schein-Größenselbst installiert und energieaufwändig gepflegt, damit es nicht zusammenbricht –,
- dann durch die Irreführung, Ausbeutung und Schädigung der in ihrem Recht auf Unversehrtheit, Respekt und Selbstbestimmung verletzten Person, und
- drittens durch die Aufforderung zur Gefolgschaft plus Einschüchterung aller anderen, deren Sicherheitsgefühl, Vertrauen und meist auch Wehrhaftigkeit (Zivilcourage) zerstört wird.

---

24 G. de BECKER, s. o., S. 63
25 Asozial verstehe ich als unbewusst oder bewusst ohne Rücksicht auf die Gemeinschaft, antisozial hingegen als bewusst gegen die Gemeinschaft. Davon unterscheide ich im Gefolge von U. RAUCHFLEISCH die dissoziale Persönlichkeit, deren „fortgesetztes und allgemeines Sozialversagen" für die Sozietät „eine psychischen und auch materielle Belastung" darstellt und aus diesem Grund punitive Reaktionen von Seiten der Umwelt herausfordert. (U. RAUCHFLEISCH, „Dissozial", S. 16). Auch Topmanager können dissoziale Persönlichkeitszüge besitzen wie mangelnde Frustrationstoleranz, geringen Realitätsbezug, Kontaktstörungen, mangelnde Gewissensbildung u. a. (U. RAUCHFLEISCH, s. o. S. 82 ff.). Hier geht es aber um Verhaltensoptionen und die gesellschaftliche Ignoranz von dessen pathogenen Wirkungen samt so genannter Kollateralschäden.

Grundsätzlich hat jeder Mensch die Möglichkeit, mittels gezieltem Einsatz von Blick, Stimme (Atmung), Gefühlsausdruck und Gedankenkraft andere zu beeinflussen[26]; üblicherweise bezeichnen wir solche Bemühungen als Werbung (in privaten wie in geschäftlichen Beziehungen) oder als „Grooming"[27], wenn es um die „Zurichtung" eines Kindes oder Jugendlichen geht, sexuelle Übergriffe zu dulden. Handelt es sich um eine „symmetrische" Beziehung (beide gleich wissend, körperlich und finanziell gleich stark und nicht voneinander abhängig), kann durch Variation von Nähe und Distanz auf „horizontaler" Ebene Eigenmacht gelebt werden. Wer aber den anderen kontrollieren, einschränken, abwerten oder auch vernichten will, wird suchen, ihm oder ihr „vertikal" überlegen zu sein. „Wer selbst gelten will, lebt nicht für andere.", weiß der Tiefenpsychologe Thomas KORNBICHLER. „Der Machtmensch will Selbstbetonung und Selbstdurchsetzung. Er ist deswegen kein warmherziger Menschenfreund, sondern in aller Regel ein Menschenverächter."[28] Und er hält sich selbst und seinesgleichen für den allgemeinen Menschentypus. Dennoch pflegt er das „Pathos der Distanz", um nicht gekannt zu werden, „um ein Geheimnis um sich aufzubauen". Ein Gespräch „von Mensch zu Mensch" – wozu Sozialkompetenz nötig wäre – von „Du zu Du" ist schwer möglich, denn

> „Echter Gedanken- und Gefühlsaustausch bringt die Menschen einander näher. Damit wird aber zugleich ein tatsächliches oder vermeintliches Machtgefälle eingeebnet. Der Mächtige ist mächtig nur allein, flüstert sich der Machtmensch selbst ins Ohr und geht auf Distanz, um allein zu sein."[29]

---

26 Vgl. R. A. PERNER, „Sein wie Gott – Von der Macht der Heiler. Priester Psychotherapeuten Politiker": in diesem Buch wird aufgezeigt, mit welch gleichen bzw. ähnlichen Methoden die ausgewiesenen Berufsgruppen „Gefolgschaft" herstellen und dabei immer auch Gefahr laufen, ihre Macht zu missbrauchen.

27 R. A. PERNER, „Die Wahrheit wird euch frei machen", S. 47

28 T. KORNBICHLER, „Die Sucht, ganz oben zu sein", S. 72

„Selbst Psychiater zögern, die Perversion beim Namen zu nennen", weiß die Psychoanalytikerin Marie-France HIRIGOYEN.

> „Sogar die Definition ‚seelische Perversion' wird von einigen zurück gewiesen, die lieber von Psychopathie sprechen, eine geräumige Rumpelkammer, in die sie alles zu verbannen trachten, was sie nicht behandeln können. Die Perversität rührt aber nicht von einer psychiatrischen Störung her, sondern von einer kühlen Rationalität, verbunden mit der Unfähigkeit, die anderen als menschliche Wesen zu betrachten ... Sie führten uns vor, was wir von ihnen erwarteten, um uns besser zu ködern, und wir haben ihnen neurotische Gefühle zuerkannt. Wenn sie danach ihr wahres Gesicht zeigten und ihr Machtstreben offen zur Schau stellten, haben wir uns hintergangen gefühlt, eingeseift, manchmal sogar gedemütigt. Das erklärt die Vorsicht der Fachleute, sie zu entlarven."[30]

Und die mangelnde Zivilcourage der „Laien", ihren intuitiven Wahrnehmungen zu trauen, sie auszusprechen und zu verteidigen. HIRIGOYEN betont:

> „Es geht hier nicht darum, den Perversen den Prozess zu machen – die verteidigen sich im übrigen recht gut allein –, sondern darum, ihre Schädlichkeit vor Augen zu führen, ihre Gefährlichkeit für andere, um es den Opfern bzw. künftigen Opfern zu erleichtern, sich gegen sie zu verteidigen."[31]

Jedes „Erfolgserlebnis", andere runterzumachen, stärkt sie ja in ihrer Selbstgefälligkeit.

---

29 T. KORNBICHLER, s. o., S. 74 ff.
30 M.-F. HIRIGOYEN, s. o., S. 13 ff.
31 M.-F. HIRIGOYEN, s. o., S. 15

So erfuhr ich ein Jahr nach meinem Erlebnis mit der sozial inkompetenten „übersicheren" Mediatorin, dass sie es in einer anderen Lehrveranstaltung sogar geschafft hatte, zwei Lektoren, die im Doppelpack unterrichtet hatten, so zu diskriminieren, dass das dreitägige Seminar in der Halbzeit abgebrochen wurde, mit der Begründung (ich zitiere die Lehrgangsleiterin), „Fragen Sie in die Runde – jede von uns hätte das Thema besser gestalten können!" Es ging um Konfliktmanagement und Krisenbewältigung ... Also wieder ein Parallelprozess! sagte ich der verzweifelten Leiterin: Ausgrenzung derjenigen, die etwas in Bewegung bringen (sollen).

Ich riet der Kollegin, konkrete schriftliche Feedbacks einzufordern, nicht nur eine allgemeine „Bewertung", in etwa in der Reihung:
- Was hat mir an der Person (den Personen) missfallen?
- Was hat mir am Inhalt missfallen?
- Was war mein Beitrag am Entstehen dieses Missfallens?
- Was hätte ich dazu beitragen können, dass sich das Missfallen auflöst?

Die Reihenfolge dieser Fragen entspricht dem Stufenbau einer Selbsterforschung zur Entwicklung „sozialer" Kompetenz – nämlich im Gegensatz zu egoistischer Dominanz, die andere behindert oder gar schädigt.

Dann erzählte ich der Lehrgangsleiterin eine Erfahrung, die ich mit einem meiner Studenten gemacht hatte: der junge Mann sagte mir – nicht böswillig, sondern nur sehr von sich selbst eingenommen – nach einem meiner Vorträge: „Den Vortrag hätte ich auch halten können!" Ich erwiderte mit der Gegenfrage: „Heißt das, alle Inhalte waren Ihnen schon bekannt?" Und auf seine Bejahung fragte ich weiter: „Aber hätten sie diese Inhalte auch so wie ich ohne schriftliche Unterlage strukturiert in einer Stunde vortragen und alle Zusatzfragen aus dem Publikum beantworten können?" Das hätte er nicht können, gab er ganz offen zu. Er hatte nicht zwischen Kenntnis des Inhalts, Form der Präsentation und Persönlichkeit der Präsentierenden unterschieden.

Ein anders ähnliches Beispiel lieferte mir einer meiner Mitarbeiter aus der Zeit seines Doktoratstudiums: im DissertantInnenseminar war ein Nachzügler eingetroffen, der die Vereinbarung, einander ohne akademische Grade anzusprechen, nicht akzeptieren wollte und sogar vom Professor provokativ verlangte, dass dieser einmal sagen sollte, welche Grade er besäße. Auf dessen „gütige" Bereitschaft reagierte er mit Sätzen wie „Das schaff ich auch noch!" oder „Dort komm ich auch noch hin!", und nachher ließ er sich bei fast jedem thematischen Hinweis vernehmen, „Das weiß ich schon!" – bis der Professor explodierte und scharf sagte: „Das setze ich voraus, aber wir müssen die Eckpunkte unserer Arbeit aufzählen, damit alle das Forschungsfeld kennen. Wenn Sie das nicht wüssten, hätten Sie hier nichts verloren!"

Optimistische Selbstüberschätzung ist oft eine Begleiterscheinung von Unerfahrenheit – und dort kann man sie nachsehen, wenn man das will. Ufert sie allerdings zu Unhöflichkeit, Herabsetzung und damit Gesundheitsschädigung anderer aus, muss man ihr Grenzen setzen, sonst lernen solche Selbsterhöher nichts; um das sozial kompetent zu bewerkstelligen, muss man sich von eigenen Aggressionen („Übertrumpfungsbestreben") befreit haben und gleichsam „auf gleicher Augenhöhe" die Dysfunktionalität dieses Verhaltens und seine Negativfolgen aufzeigen. Das wird ohne ehrliche Information über die eigene Befindlichkeit kaum gelingen – und genau dieser Wagemut, zur eigenen Gefühlswelt zu stehen, ist wesentliches Merkmal von Sozialkompetenz. Ebenso wie, sie bei anderen zuzulassen.

Mir sagte einmal ein katholischer Geistlicher, der wegen seiner aggressiven Direktheit seiner Institution gegenüber von schweigenden Gesinnungsgenossen viel Anerkennung gezollt bekam, er möge es eben nicht, wenn es „schief" würde; dass er selbst Schieflagen inszenierte, in denen er sich als Richter über andere aufspielte, war ihm nicht bewusst. Auch die geringste Etikette an Höflichkeit lag ihm fern: so beklagte sich unlängst die Generalsekretärin einer Vereinigung, die auch er als Mitglied unterstützte, dass mehrfache Anrufe mit der Bitte, ein Referat zu übernehmen, unbeantwortet geblieben wären – bis er sich quasi in letzter Minute mit einer Zusage meldete. Dass er ihr damit den Stress der Ungewissheit bereitet und die Zeit zur Erarbeitung von Alternativen vorenthalten hatte, war ihm nicht in den Sinn gekommen – ebenso wie die Missachtung, zu der konkreten Sitzung zu spät zu kommen und ohne Ankündigung, Hinweis oder gar Entschuldigung ohne Gruß weit vor Ende wieder zu gehen ohne sich einer Diskussion zu stellen.

„Während der Interaktion wird vom einzelnen die Verfügung über bestimmte Eigenschaften, Fähigkeiten und Kenntnisse erwartet, die alle zusammen sich zu einem Selbst fügen, das zugleich in sich kohärent und für die Situation geeignet ist." schreibt Erving GOFFMAN (1922-1982) über sozial gelungene Kommunikation.

> „Mittels der expressiven Implikationen seines ganzen Gebarens, schon durch die bloße Teilnahme, projiziert der einzelne dieses sozialgerechte Selbst wirkungsvoll in die Interaktion, obwohl er dessen nicht gewahr sein mag und auch die anderen nicht bemerken mögen, dass sie sein Verhalten so interpretiert haben. Zur gleichen Zeit muss er jedes Selbst, das entsprechend von den anderen Teilnehmern eingebracht wird, akzeptieren und achten. Dann bestehen die Elemente einer sozialen Begegnung aus solchen wirksam zur Geltung gebrachten Ansprüchen auf ein sozialgerechtes Selbst und aus der Bestätigung ähnlicher Ansprüche auf Seiten der anderen. Die Beiträge aller orientieren sich an diesen Elementen und bauen auf deren Grundlage auf."

Soziale Inkompetenz beginnt dort, wo Selbstbestätigung sich zu Selbstgerechtigkeit aufbläht und zur Waffe gegen andere eingesetzt wird, um sich über diese zu erhöhen, denn: entweder man ist überlegen – dann ist Triumph unnötig. Oder die andere Person ist überlegen – dann hat man die Chance, von ihr zu lernen. Oder sie sollte überlegen sein, ist es aber nicht, dann kann man soziale Kompetenz einüben: entweder die Mängel diskret übersehen oder ihr respektvoll, aber auch konkret sagen, was man erwartet, wo man Mängel ortet, im gemeinsamen Vorgehen vereinbaren, wie diese Mängel behoben werden sollen und dann an der Verwirklichung mithelfen." Aber:

„Wirft ein Ereignis Zweifel auf diese Ansprüche oder diskreditiert es sie, dann bleibt die Begegnung in Voraussetzungen stecken, die nicht länger haltbar sind. Die vorbereiteten Reaktionen sind nun deplatziert, sie müssen unterdrückt werden, und die Interaktion muss neu entworfen werden."

GOFFMAN resümiert: „Denn ist er zuvor als ein taktvoller Mensch aufgetreten, so zerstört er, wenn er ein fremdes Image zerstört, sein eigenes."[32] Allerdings wagen viele Menschen nicht, solche soziale Inkompetenz aufzuzeigen bzw. direkt anzusprechen, wenn die Regelbrechenden hohen Status demonstrieren. Sie schüchtern ein – ein klassischer Fall von Machtmissbrauch.

Machtmissbrauch

Der Schritt von sozialer Inkompetenz zu Gewalt ist ein winziger. Und er verschafft vielen Genuss.

Ich habe in den 1970er Jahren etliche Male erlebt, wie in Kommunikationstrainings für NachwuchspolitikerInnen gezielt Statusspiele als Verunsicherungsstrategien gegenüber Verhandlungs„partnern" empfohlen wurden: wären diese ungebildeter als man selbst, sollte man möglichst im „Soziologendeutsch" parlieren; das wurde im Sprachlabor geübt. Wäre der Gegner jedoch gebildeter als man selbst, sollte man möglichst ordinär auftreten, besonders wenn derjenige über hohen Funktionsstatus verfüge, sozusagen im Gefolge Davids gegen Goliath

---

32   E. GOFFMAN, „Interaktionsrituale", S. 115 ff.

nach dem Motto „Prolo gegen Bankdirektor". Und so verhärteten sich dann auch oft Verhandlungen um Herbstlohnrunden oder Kollektivverträge. Manchmal habe ich den Eindruck, dass diese Taktiken, die unter männlichen Führungskräften schon vielfach vor gut zwanzig Jahren aufgegeben wurden, heute Frauen anempfohlen werden – damit „böse Mädchen" nicht nur überall hin, sondern vor allem hinauf kommen. Immer wieder kommen zu mir aufstiegswillige Frauen zur Kurskorrektur, nachdem ihnen eine „Coachin" (ich halte zwar nichts von dieser gequälten Verweiblichung des Begriffes Coach, möchte aber hier besonders betonen, dass es sich in all diesen Fällen um Frauen gehandelt hatte, die ihre Klientinnen „in den Krieg schickten") zu einem „Zicken-Kurs" geraten hatten. Alle hatten damit Schiffbruch erlitten – beruflich wie in der Partnerschaft. „Bocken" ist gegenüber „Böcken" dysfunktional, es führt zu Erstarrung.

Dennoch sollte die Macht, jemand ungerechtfertigt Anerkennung zu verweigern, nicht unterschätzt werden. „Erfährt man eine plötzliche Statusveränderung, etwa bei Heirat oder Beförderung, dann erlangt man ein selbst, das einem die anderen wegen ihrer noch nachhängenden Bindung an das alte Selbst nicht völlig zugstehen.", weiß Erving GOFFMAN.

„Sich um eine Stellung, ein Darlehen bewerben oder um die Hand einer Frau bitten, heißt ein Bild der Vertrauenswürdigkeit von sich selbst unter Bedingungen zu entwerfen, unter denen jemand, der diese Annahme diskreditieren kann, guten Grund haben mag, es auch zu tun."

Hingegen „Sich im Stil seiner Vorgesetzten oder von sozial Höherstehenden geben, heißt Ansprüche anmelden, die durch den eigenen Mangel an Vertrautheit mit der Rolle leicht diskreditiert werden können."[33]

Deswegen werden Führungskräfte oft primär nach ihrer potenziellen „Durchschlagkraft" ausgewählt – damit sie jeden-

---

33 E. GOFFMAN, s. o., S. 117

falls ihren Machtanspruch behaupten können (und ohne Skrupel und soziale Rücksicht nach „Sachzwängen" handeln). Eigentlich sollte die Erinnerung an bestehende auf Weisungs- und Sanktionsrechte und Arbeitsplatzverlust bei Arbeitsverweigerung genügen. Sollte – tut es aber oft nicht. Die Ursache dafür orte ich in dem von mir als „weichen Machtmissbrauch" bezeichneten Verhalten von Inkonsequenz. Mitarbeiter wie ebenso Menschen in privaten Beziehungen sollen sich auskennen können. Allerdings gehört zu dieser „Beziehungsklarheit" auch, dass man auch „noch nicht" klare Verhältnisse mit Namen nennen wagt.

Wie berichtet wollen Frauen mit Sekretariatsaufgaben übergeordneten Frauen oft nicht zuarbeiten, sondern kontern diesen kühl, sie sollten die anfallenden Arbeiten selbst erledigen. Sie blendeten damit die Sicht auf unterschiedliche Funktionen, Aufgaben, Verantwortlichkeiten, Fachkompetenzen und entsprechende Gehaltsstufen aus und definierten die Beziehung Frau und Frau rein biologisch als gleich – ein Mangel an Realitätssicht und damit Selbstdisqualifikation. Wenn nun aber die statushöhere und damit auch teurere Arbeitskraft von übergeordneten Männern „Rückendeckung" für die nötige Funktionsverdeutlichung einforderten, bekamen sie Sätze zu hören wie „Seid friedlich!" oder „Sie müssen Verständnis haben – die Schreibkraft ist schon so lange im Betrieb, die hatte immer männliche Chefs, die ist halt nicht gewohnt, sich von einer Frau was sagen zu lassen."

Definitions- oder Funktionsmacht nicht einzusetzen, wo sie notwendig wäre, ist meiner Ansicht nach auch eine Form von Machtmissbrauch, nämlich zu Ungunsten des Gesamtsystems, möglicherweise aber zum eigenen Vorteil, sich nicht deklarieren zu müssen und damit fehlerfrei zu scheinen. Ich unterstelle aber, dass es dahinter um eine geheime Strategie geht, Frauen zu desavouieren. Denn so wie Mobbing oder andere Formen von Gewalt am Arbeitsplatz Chefsache sind, was bedeutet, dass sie durch lächelnde Duldung gefördert, durch klare Ächtung verhindert werden, hängt auch das funktionelle Zusammenspiel von dieser Bezugnahme ab. Straffe Hierarchien verhindern dabei oft direkte Wahrnehmung und Kommunikation und fördern Intrigantentum, sternförmige Organisationsstrukturen hingegen erleichtern Kommunikation und damit auch Zusammenarbeit und gegenseitige Kontrolle[34].

Manche MitarbeiterInnen geben soziale Kriegserklärungen ab und erleben dann häufig, wie Führung plötzlich jenseits aller Diplomatie militärisch bzw. paramilitärisch als Befehlsausgabe mit Gehorsamspflicht („Kommando und Kontrolle") samt Standrecht interpretiert wird – und das ein halbes Jahrhundert nachdem eigentlich allen klar sein sollte, wohin „Führer befiehl – wir folgen dir!" führen kann. Ohne Gewalt wird man Menschen im Vollbesitz ihrer geistigen und körperlichen Kräfte nicht dazu bringen, unethischen Forderungen nachzukommen, sollte man meinen, aber: Gewalt gibt es auch als strukturelle Gewalt, das hat das MILGRAM-Experiment[35] oder das so genannte „Stanford Prison Experiment" des amerikanischen Psychologieprofessors Philip ZIMBARDO[36] bewiesen und etliche nachgeahmte Studien[37] ebenso.

---

34 S. HELGESEN, „Frauen führen anders", S. 35 ff.
35 S. MILGRAM, „Das Milgram-Experiment", S. 60 ff.
36 Das 1971 durchgeführte Stanford Prison Experiment, in dem Studenten in die Rollen von Wärtern und Gefangenen in einem „Versuchsgefängnis" schlüpften, gilt als Klassiker der experimentellen psychologischen Forschung. Es ergab sich dabei, dass die „Wärter" sehr schnell extrem sadistisch handelten, die Inhaftierten hingegen depressiv wurden. Obwohl das Experiment ursprünglich für zwei Wochen geplant war, musste es nach sechs Tagen abgebrochen werden. ZIMBARDO kam durch das Experiment zu dem Schluss, dass es die Machtsituationen seien, die Individuen korrumpierten. Ich selbst konnte in meinen teilnehmenden Beobachtungen feststellen, dass hingegen manche Menschen besondere Anstrengungen unternehmen, in Positionen mit hierarchischen Machtbefugnissen zu gelangen und dort „hartes Durchgreifen", oft sogar über die Grenzen des Strafgesetzes hinaus, meist mit der unreflektierten Begründung, es ginge nicht anders, verteidigen.
37 Zu ähnlichen Ergebnissen kam etwa auch die Grazer Psychologin Grete SCHURZ in einem fingierten Experiment zur Überprüfung von Gedächtnisverbesserungsmöglichkeiten durch Ultraschallintensitäten, s. G. SCHURZ, „Destruktive Gehorsamsbereitschaft im psychologischen Experiment" in P. HUEMER/G. SCHURZ (Hg.), „Unterwerfung", S. 39 ff.

So zeigt auch der Wiener Wissenschaftsjournalist und Historiker Martin HAIDINGER in seinem Buch über die Todesstrafe, dass die Gräuel des Ku-Klux-Klan bis heute vielen weißen Südstaatlern als „Ringen ums Überleben gegen die größenwahnsinnig gewordenen Schwarzen" gilt: „In den Augen der meisten Außenstehenden ist es rückwirkend eher ein Kampf um Überlegenheit, um die Erhaltung der Herrschaftsverhältnisse, an denen erst die Bürgerrechtsbewegung der 1960er Jahre nachhaltige Änderungen erzwingt."[38]

Wer sich einer Autorität, und sei sie auch nur eine vermeintliche, unterlegen fühlt, bevorzugt eher die „Identifikation mit dem Aggressor" als sich oppositionell gegen sie zu stellen. Verwirklicht eine/r aber diese Protesthaltung, polarisiert er und wird oft erst nach seinem Tod wertgeschätzt (und das auch nicht von allen)[39].

Ich erinnere mich gut an ein Seminar für Frauen, die sich für Führungsaufgaben qualifizieren wollten, in den späten 1970er Jahren, das die gegenwärtige Zentralsekretärin der Gewerkschaft der Privatangestellten, Dr. Dwora STEIN, damals noch Nachwuchs-Trainerin im Bildungsbereich des Österreichischen Gewerkschaftsbunds, leitete. Eine der Fragen, weshalb jemand „aufsteigen" wolle, fand dabei die Antwort: weil man bzw. frau sich auf gleicher Ebene nicht wohlfühle, zu wenig Anerkennung erhielte, vielleicht sogar AußenseiterIn wäre. Die nach oben gerichtete „Flucht aus der Gruppe der Gleichen" wurde als kompensativer Wunsch nach Herrschaft problematisiert.

---

38 M. HAIDINGER, „Von der Guillotine zur Giftspritze", S. 215
39 Deutlich beobachten konnte man dies rund um die Seligsprechung des wegen Wehrdienstverweigerung hingerichteten tiefgläubigen oberösterreichischen Bauern Franz JÄGERSTÄTTER (1907-1943), die zahlreiche Führer-Eid-treue Kritiker aktivierte; ähnliche Kritik zu Lebzeiten musste auch die ehemalige Nationalratspräsidentin der FPÖ, Heide SCHMIDT, nach deren Austritt aus dieser Partei und Gründung des Liberalen Forums erleben, weniger hingegen die gemaßregelten Ex-Priester Eugen DREWERMANN oder Adolf HOLL.

„Was mich an der zukünftigen Elite so stört", schreibt die 2007 mit dem Axel-Springer-Preis für junge Journalisten und dem Ludwig-Erhard-Förderpreis ausgezeichnete Journalistin Julia FRIEDRICHS,

> „ist, dass sie das Recht einfordert, für andere Verantwortung zu übernehmen. In andere Leben eingreifen zu dürfen. Zu wissen, was für diese Menschen richtig ist. Ohne sie zu kennen. Politikern billige ich dieses Recht zu. Sie sind gewählt. Verlieren sie eine Abstimmung, werden sie ausgetauscht. Auch andere haben durch ihren Job oder ihr Amt bestimmte Entscheidungskompetenzen. Bürgermeister, Abteilungschefs, sogar Lehrer. Im Idealfall ist auch hier die Legitimation für alle ersichtlich, und Zeitraum sowie Einflussmöglichkeiten sind begrenzt."

Ja, sie fügt sogar dazu: „Auch Eltern und Freunden erlaubt man meist, über das eigene Leben mitzuentscheiden. Ihre Legitimation ist im besten Fall Liebe. Aber Eliten?"[40] Im Rahmen ihrer Studie habe sie auf ihre Frage, „Warum brauchen wir Eliten?" statt überzeugender Antworten vor allem „Belege dafür gefunden, dass Elite ein Konzept ist, das wenige über viele stellt."[41]

Dieses sich über andere stellen ist ein Versuch, den „eingefleischten" Erinnerungsspuren der elterlichen Übermacht zu entkommen. Manche arbeiten ihr ganzes Leben an dieser „Bindung" und ziehen, wo immer es geht, Trennlinien zwischen oben und unten in der Hoffnung, dieser Ungleichheit zu entgehen – und verfestigen sie gerade durch ihre Bemühungen um „Erste Klassen", Sonderaufzüge, Sonderspeiseräume, ... und erfinden auch, falls nicht schon vorhanden, sonstige Upper-Class-Privilegien.

> „Machthaber, Stammeshäuptlinge, hohe Beamte, angesehene Ärzte, Wirtschaftsleute und andere feine Leute

---

40 J. FRIEDRICHS, „Gestatten: Elite", S. 182
41 J. FRIEDRICHS, s. o., S. 183

haben als würdige Personen das Recht auf bestimmte ehrenvolle Plätze innerhalb von Räumen oder sie greifen zu Strategien, um räumlich auf die hervorragende Bedeutung ihrer Person hinzuweisen",

weiß auch der Wiener Soziologieprofessor Roland GIRTLER.

„Wohl in den meisten Kulturen gibt es bestimmte Regeln, nach denen würdige Personen innerhalb von Häusern, Zimmern und Zelten ehrenvolle Plätze zugewiesen werden. In der europäischen bürgerlichen Kultur werden in diesem Sinn bei Festessen und ähnlichen Ereignissen die vornehmen Leute so platziert, dass jedermann sie als solche erkennen kann."[42]

Wieder wird hinter diesen Bemühungen der Anspruch deutlich, im Vergleich mit der Person daneben nicht als gleich definiert zu werden, sondern als erhabener. GIRTLER schreibt etwa über die „rituellen Speiseräume":

„Bemerkenswert ist auch, wo zu Mittag gegessen oder ein Kaffee eingenommen wird. In den Mensen der Universität gibt es für gewöhnlich eigene Professorenzimmer, in welchen die würdigen Herren sich die Speisen servieren lassen. Und ebenso gibt es ein derartiges Zimmer in einer eher kleinen, aber viel aufgesuchten Imbissstube in einem der Wiener Institutsgebäude, wo auch ich studiert habe. Manchmal nahm mich ein Professor in das Professorenzimmer mit, wo wir Platz fanden, unseren Tee tranken und einiges besprachen. Ich fühlte mich geehrt und genoss den Gegensatz zum Hauptraum der Imbissstube, in dem sich die Studenten drängten und kaum sitzen konnten."[43]

---

[42] R. GIRTLER, „Die feinen Leute", S. 40
[43] R. GIRTLER, s. o., S. 49

Quasi „zur rechten Hand Gottes" sitzen zu dürfen und noch dazu in dessen „Reich" erhöht – und erniedrigt die anderen, denen sichtbar Strokes vorenthalten werden. Solche Benefikationen werden gerne gezielt im Sinne eines „Teile und herrsche" und ohne sachliche Rechtfertigung gewährt; ihre möglicherweise negativen Auswirkungen auf die funktionelle Sozialgemeinschaft der Herausgehobenen werden ignoriert, bewusst in Kauf genommen oder gar gezielt initiiert.

Hegemonismus

Ihren Ursprung orte ich in den militärischen Rangordnungen, wo Lauscher und Spionage eine andere Bedeutung haben (können) als in zivilen Organisationen, in denen es nachweislich Motivation und Kooperation erhöht, wenn Führungskräfte für ihre Mitarbeiterschaft zumindest im informellen Bereich erreichbar sind. Straffe Hierarchien bewähren sich überall dort, wo Zeitknappheit („Gefahr im Verzug") herrscht oder augenblickliche Schäden an Leib und Leben drohen – vor allem bei militärischem Interventionsbedarf, Polizeieinsätzen, Bränden, Naturkatastrophen, im Operationssaal oder auch dann, wenn man ein Orchester dirigiert. Dort gehört es auch zum jeweiligen „Arbeitsvertrag" oder zur bürgerlichen Beistandspflicht. Allerdings sollten diese für Krisenbewältigungen sinnvollen Organisationsstrukturen nicht unkritisch für alle anderen Organisationsaufgaben übernommen werden – denn dann bringen sie die Gefahr mit sich, Motivation, Kooperation, Selbstverantwortung und damit Selbstachtung und leibseelischgeistige Gesundheit zu beeinträchtigen.

Auch die langjährige Herausgeberin von „Harpers", Sally HELGESEN, weist in ihrer Studie über die Unterschiede zwischen weiblichem und männlichem Führungsverhalten darauf hin, dass „Strategie" nach männlicher Definition am Kampfsport oder anderen militärischen Mustern „gewinnen, ein Ziel erreichen" bedeute, für Frauen aber andere Werte als

„Was springt dabei für mich heraus?" zählen – nämlich etwa den für alle bestmöglichen Weg oder Methode zu finden. Und: Frauen orientierten sich an ihren eigenen Werten, Männern an denen ihrer Vorgesetzten.[44] Auch wenn manche selbsternannte Machtexpertinnen (fast alle ohne tatsächliche Führungserfahrung in Großorganisationen oder politischen Gremien) Frauen raten, sich an den so genannten männlichen Strategien zu orientieren, halte ich es lieber mit HELGESEN, die nicht ihre eigenen Machtbedürfnisse propagiert, sondern die verschiedenen Führungs- und Kommunikationsstile samt ihren Auswirkungen auf die Mitarbeiterschaft samt den Ergebnissen ihrer eigenen Befragungsaktionen nebeneinander stellt. Sie zitiert dabei John NAISBITT und Patricia ABURDENE, die über die Megatrends des Arbeitsplatzes schreiben: „Bedeutende Veränderungen treten dann ein, wenn Wertewandel und ökonomische Notwendigkeit zusammentreffen"[45] und daher die gewohnten Methoden und Strukturformen den neuen Anforderungen nicht mehr genügen; dann wäre es hoch an der Zeit, „andere" Kompetenzen als die des Kämpfens und Siegens zu suchen. HELGESEN schreibt:

> „Zu diesen Werten gehört, dass man auch dem Weg, auf dem ein Ziel erreicht wird, Bedeutung beimisst, anstatt sich ausschließlich auf das Ziel zu konzentrieren; die Bereitschaft, zu überprüfen, welche Auswirkungen eine Handlung auf andere Menschen haben wird ... die Sorgen um die Belange der Gemeinschaft ... Wertschätzung gegenüber der Vielfalt; und die für Außenseiter typische Abneigung gegenüber Statussymbolen und Ritualen, welche die Menschen am Arbeitsplatz voneinander trennen und Hierarchien zementieren."

---

44 S. HELGESEN, s. o., S. 13 ff.
45 S. HELGESEN, s. o., S. 15 ff.

Fairerweise betont sie aber auch:

„Damit soll nicht behauptet werden, dass Männer diese Werte nicht ebenfalls – in individuell verschiedenem Maße – schätzen. Doch werden sie häufig als weibliche Werte bezeichnet, weil sie in der privaten, häuslichen Sphäre entstanden sind, auf die Frauen so lange Zeit beschränkt waren."[46]

Wenn man „weiblich" allerdings als ein „energetisches" Prinzip definiert oder als lebensspendendes und einem „männlichen" als lebensvernichtendes gegenüberstellt, wie man dies ja auch in der Eros-Thanatos-Konzeption Sigmund FREUDs oder der Biophilie-Nekrophilie-Konzeption Erich FROMMs[47] beobachten kann, dann zeigt sich hier auch eine dichotomische Sichtweise, in der eine andere Betrachtungsmöglichkeit, nämlich eine dialogisch-wechselnde im Sinne einer Kohärenz ausgeblendet, vielleicht nicht einmal wahrgenommen wird.

Zur inneren Logik von Machtgewinn und Machterhalt zählt, Gegenpositionen nicht zu dulden, sie daher frühzeitig zu verhindern und nachhaltig zu verbieten. Andreas SALCHER nennt dies die „Herodes-Strategie": „Die Lehre des Herodes lässt sich in einem Satz zusammenfassen: Suche intensiv nach allen potenziell geeigneten Nachfolgern – und dann bringe sie um." Allerdings habe sich das Instrumentarium erweitert: „Es reicht von ungerechter Behandlung, Übergehen bei Beförderungen, Intrigen und übler Nachrede bis zu den härteren Formen des Mobbings wie soziale Isolation und Kommunikationsverweigerung."[48] Egal, ob gezielt oder unabsichtlich – sozial inkompetent bleiben solche Verhaltensweisen so oder so.

---

46 S. HELGESEN, s. o., S. 16
47 Vgl. E. FROMM, „Anatomie der Menschlichen Destruktivität"
48 A. SALCHER, „Der talentierte Schüler und seine Feinde", S. 73 ff.

Prinzipiendifferenz

Der Interpretation HELGESENS mit Hinweis auf „weibliche Werte" widerspreche ich mit Hinsicht auf zahlreiche weltliche wie geistliche Führungskräfte der Vergangenheit wie auch Gegenwart und die Bildungswege, die sie durchlaufen sind, etwa in Klöstern, oder die Mentoren, die sie geformt haben. Es ist eine persönliche Entscheidung, welchen der alternativen Führungsstile man wählt: den männlichen – das „Pfeilprinzip" – oder den weiblichen – das „Schalenprinzip". Das hat weniger etwas mit der biologischen Geschlechtlichkeit zu tun – sie liefert nur die sprachliche Symbolisierung, man könnte genau so gut Yang und Yin sagen oder Pluspol und Minuspol[49]. Es geht um Energiequalitäten: scharf oder weich. Und es geht um das Mitbedenken der Auswirkungen und deren Verantwortung.

Der – materielle oder auch verbale – Pfeil wird abgeschossen und trifft oder auch nicht. Er wirkt bedrohlich, vertreibt, verletzt, tötet. Die – reale oder symbolisierte – Schale nimmt auf, umfasst, hält. Menschen wie auch Sozialgemeinschaften haben in ihrer möglichen Wirksamkeit beide Optionen. Die erfolgreichen Chefinnen in HELGESENS Studie legen ihren Arbeitsschwerpunkt auf Erleichterung der Kommunikation („Informationsbeschaffung") und folglich mehr soziale Nähe:

> „Auch der Wunsch, erhaltene Informationen an andere weiterzugeben, schien darauf zurückführbar, dass die Frauen auf gute Beziehungen zu ihrer Umgebung bedacht waren. Ein reges Geben und Nehmen hielt das Beziehungsgeflecht instand. Auch fiel den Frauen die Informationsweitergabe leicht, weil ihrem eigenen Empfinden nach ihre Position eher im Zentrum der Organisation als an der Spitze war."[50]

---

49 R. A. PERNER, „Kultur des Teilens", S. 144
50 S. HELGESEN, s. o., S. 42

So effizient dieses Kommunikationsverhalten für die Erfolge der Organisation ist, so belastend kann es für die Führungskraft werden, wenn der Verzicht auf Herauskehren der Überordnung als Schwäche missinterpretiert wird – eine Erfahrung, die viele Frauen machen, die aus Machtdemonstrationen keinen Lustgewinn ziehen.

„Physische Nähe bedeutet leicht auch soziale Nähe, wie jeder weiß, der einem intimen Treffen zufällig beiwohnte, das nicht ihm gegolten hat, oder der genötigt war, vertraulichen ‚small talk' mit jemandem zu führen, der zu hoch oder zu niedrig gestellt oder zu fremd war, um jemals ein Vertrauter sein zu können ...",

erklärt Erving GOFFMAN, „... und diese Handlungen können nun misslicherweise Rang- und Machtverhältnisse suggerieren, die von den Tatsachen abweichen ..." und „wird sich überall unversehens in Situationen verwickelt finden, in denen er implizit Identitätsansprüche geltend macht, die er nicht erfüllen kann."[51]

Eine eigene unverwechselbare Identität unabhängig vom Vergleich mit anderen zu entwickeln, kann Zeichen von gelassener Reife sein – oder halbstarker Protest gegen Identifikationsangebote; damit bleibt man unbewusst aber wieder vom Vergleichen abhängig. Der Unterschied zwischen dieser meiner Differenzierung liegt in der inneren Ruhe: während in diesem Fall noch um Anerkennung gerungen (und damit den anderen Macht gegeben) wird, besitzt man sie in jenem bereits und „strahlt sie aus". Man ist in Balance, weiß, wer man ist mit allen Stärken und Schwächen und hat zur Selbstliebe gefunden. Ohne diese schwankt man zwischen Nähe- und Rückzugsbedürfnissen, Beziehungsangeboten und -abwehr, Selbstgefälligkeit und Selbstverachtung und stabilisiert sich üblicherweise an „minderwertigen Vergleichsmenschen" (Wilfried WIECK).

---

51   E. GOFFMAN, „Interaktionsrituale", S. 117

Die Wurzel der Gewalt liegt im Vergleich: egal um welche Form von Machtmissbrauch es sich handelt – wenn man die Zeitlinie zurück geht, findet man immer eine Situation, in der sich eine Person gegenüber anderen klein, klein gemacht oder gering geschätzt fühlt und versucht, aus diesem Ungleichgewicht heraus zu kommen.

Machtmissbrauch besteht im Streben nach Macht, um durch sie abgesichert, die meist unbewussten Ängste vor Enttarnung der eigenen psychonoetischen, oft aber auch physischen, jedenfalls aber moralischen Schattenanteile zu verhindern. Welche Seelenanteile und Eigenschaften jemand ins Licht rückt oder in den Schatten verbannt, hängt davon ab, was in der jeweiligen Kultur oder Subkultur hoch bewertet wird. In einem kriminellen Umfeld gelten andere Werte und damit auch andere Verhaltenscodices als in einem buddhistischen Kloster. Dennoch besitzt man immer die Wahlfreiheit, welchen Seelenanteil man ausleben oder abwehren, verbergen will – den zerstörerischen, pathogenen, der allen Beteiligten Kraft kostet, oder den fördernden, salutogenen, der allen gute Gefühle macht. Macht entsteht immer dadurch, wie man macht, was man macht.

Soziale Inkompetenz durch Machtmissbrauch liegt vor, wenn eine Lehrkraft einem Kind das Klassenbuch auf den Kopf haut oder wenn eine andere einem Mädchen mit Migrationshintergrund, das das Kochgeld vergessen hat (wahrscheinlich weil es nicht verstanden hat, worum es dabei geht), in der Kochstunde einen angefaulten Apfel hinlegt mit der Bemerkung: „Mit dem kannst du dich jetzt die Stunde lang beschäftigen!"[52] Damit wird nur die eigene Unfähigkeit, mit Macht, Ärger und Handlungsimpulsen prosozial umzugehen, bewiesen oder sadistische Lust am Demütigen.

Machtmissbrauch liegt vor, wenn Kinder, SchülerInnen, MitarbeiterInnen, ja sogar EhepartnerInnen oder wer auch immer

---

52 Die Namen der Lehrkräfte und die betreffenden Schulen sind der Autorin durch deren verunsicherte Kollegenschaft bekannt geworden, die nach Alternativen zum empörten Schweigen suchten.

vor Dritten bloßgestellt oder lächerlich gemacht werden – egal ob dies durch Spott und Hohn geschieht oder durch Pseudoscherze. Hier besteht die soziale Inkompetenz im Missbrauch des Wissens um Schwachstellen, die vor anderen entblößt werden.

Machtmissbrauch liegt vor, wenn jemand ausgegrenzt wird. Da besteht die soziale Inkompetenz im Nichtwahrhabenwollen des dahinter verborgenen Vernichtungswillens: jemand zu einem Nichts, einem Nicht-Existenten zu machen, ist sozialer Mord.

Andere nicht zu „spiegeln", sondern von der Kommunikation auszugrenzen, gleicht einer Körperverletzung. Nach 24 Stunden wird man psychotisch, halluziniert, verletzt sich selbst. Joachim BAUER[53] schreibt: „Soziale Isolation ist für die Betroffenen nicht nur eine psychologische Katastrophensituation, sie schlägt auch auf die Biologie des Körpers durch." Und er erklärt:

> „Soziale Zuwendung hat, wie unter anderem Jaak PANKSEPP und Thomas INSEL zeigen konnten, die Ausschüttung wichtiger Botenstoffe zur Folge, unter ihnen endogene Opioide, Dopamin und Oxytocin. Dies lässt darauf schließen, dass der Empfang einer Mindestdosis von verstehender Resonanz ein elementares biologisches Bedürfnis ist, ohne das wir letztlich gar nicht leben können."[54]

Als Negativbeispiele zählt er in der Folge ungewollte Arbeitslosigkeit, aber ebenso den Übergang in den Ruhestand auf wie auch die systematische Verweigerung sozialer Resonanz am Arbeitsplatz – wie ja auch Mobbing mittlerweile als bedeutender Krankheitsfaktor anerkannt ist, und er schreibt: „Aus der Perspektive neuester Studien[55], die einen hohen Anteil von psychopathischen Persönlichkeiten unter den Führungseliten ergaben,

---

53 J. BAUER, s. o., S. 105
54 J. BAUER, s. o., S. 107 ff.
55 BAUER zitiert beispielsweise eine Untersuchung des US-Wirtschaftspsychologen Paul BABIAK.

wird die Mobbing-Problematik wohl eher noch zunehmen."[56] Vor allem, weil Mobbing-Opfer meist viel zu lange ihre eigene Wahrnehmung verleugnen, oder die Motive der Negativhandlungen, oder ihre eigenen Möglichkeiten sich zu wehren – oder aber die soziale Ablehnung fürchten, wenn sie es wagen sollten, aus der Riege der schweigenden Mehrheit auszubrechen. Damit bestätigt sich wieder der Satz, „Besser negative Strokes als gar keine".

Nicht jede Revierverletzung ist allerdings ein Unterwerfungs- oder Einschüchterungsversuch oder auch „nur" eine Machtdemonstration. Oft ist sie eine Folge der unzulänglichen Suche nach Strokes. Aber auch diese ist eine Verletzung der sozialen Symmetrie und damit ein Versuch, über andere Macht zu erlangen.

Raumstrategien

Es darf als bekannt vorausgesetzt werden, dass Statusniedrigere Menschen in den seltensten Fällen unerwünschte Berührungen durch Statushöhere abwehren. Die Wurzeln dieser Duldung liegen wiederum in früher Kindheit, wenn Widerstand gegen lästigen Körperkontakt mir Verwandten oder Erwachsenen überhaupt durch den Vorwurf der Unhöflichkeit oder Ungezogenheit im Keim erstickt wurde. Darin kann man Verhalten im Wiederholungszwang sehen – man tut anderen an, was einem selbst angetan wurde – oder gezieltes Einüben von unkritischer Unterwerfung unter so genannte Autoritäten wie Eltern, Lehrkräfte, die Beamtenschaft generell ... oder auch nur Mangel an alternativen Modellen. Man kann aber auch wahrnehmen, dass und wie gezielte Revierverletzungen eingesetzt werden, um die „Hackordnung" festzulegen: wer dominiert wen, wer lässt sich welche Einschränkungen des eigenen Bewegungsraumes gefallen. Nach Gavin de BECKER gehört dies auch zu den Testverfahren, mit denen Kriminelle die Eignung zum Opfer erkunden.

---

56 J. BAUER, s. o., S. 109

Es gibt aber auch den unreflektierten Missbrauch der „Privilegien des Babies": Säuglinge dürfen noch überall hin tatschen – sie können ja auch noch gar nicht anders. Sie werden gefüttert, getragen, bedient und vor Lärm und Unruhe beschützt. Hoffentlich. Manche Menschen mit Macht bzw. Machtanspruch fordern und organisieren die gleiche Bevorzugung: Nahrungsvorsorge und Service, Chauffeurdienste, Abschirmung von unerwünschten Kontaktversuchen, dazu noch das Recht auf räumliche wie zeitliche Dominanz über andere, manueller Übergriff inklusive, und das Recht auf ungehemmten stimmlichen Ausdruck.

So weist die kalifornische Psychologieprofessorin Nancy M. HENLEY auf „Berührungsprivilegien" hin, die dazu dienen, die soziale Ordnung aufrecht zu erhalten, aber auch als Herrschaftsinstrument eingesetzt werden. Sie schreibt:

> „Naiverweise glaubte ich, dass der Dominanzaspekt von Berührungen in unserer Gesellschaft allgemein bekannt sei ... Leider hatte ich mich geirrt: Obwohl ich ein paar verdeckte Hinweise auf die Machtseite von Berührungen stieß, schienen sich doch fast alle Autoren[57] mit großer Entschlossenheit verschworen zu haben, uns davon zu überzeugen, dass Berührungen nur als Geste tiefer Freundschaft oder als sexuelle Geste vorkommen ..."

und diese auch nur gegenüber dem Gegengeschlecht; so kritisiert die Forscherin: „Der Autor ist der Meinung, dass Berührungen mit sexueller Intention gleichzusetzen sind, sei es bewusst oder auf weniger bewusster Ebene.", und stellt zusammenfassend fest, „Wovon ich mich, je näher ich mir die taktilen Kontakte in meiner Umwelt betrachtete, überzeugte, war vielmehr die Tatsache, dass Macht und Sexualität miteinander verwechselt werden."[58]

Von Untergebenen wolle man sich nicht berühren lassen, Vorgesetzte hingegen wage man nicht zu berühren, wobei diese

---

57 Z. B. Ervin GOFFMAN, Michael LEWIS, Ashley MONTAGU, Desmond MORRIS
58 N. M. HENLEY, „Körperstrategien", S. 149

Polarität von verschiedenen Statusvariablen abhängt: die Observationsstudie HENLEYS ergab, dass entlang der Statusvariablen sozioökonomischer Status, Alter, Rasse und Geschlecht Berührungen häufiger von dem Statushöheren ausgingen.[59] Dem stelle ich die Aussage Erich FROMMS gegenüber, dass Prestige und Macht (neben Besitz) das Selbstgefühl von Menschen stärken, je weniger diese das Gefühl haben, „jemand zu sein": „Die Bewunderung durch andere und die Macht über sie gaben neben dem Besitz dem unsicheren individuellen Selbst eine gewisse Sicherheit" und seien Ergebnis des Erfolges im Konkurrenzbereich.

> „Für alle, die nur über wenig Besitz und über ein geringes soziales Prestige verfügten, war die Familie eine Quelle individuellen Prestiges. ... Hier gehorchten ihm seine Frau und seine Kinder, hier spielte er die Hauptrolle, und er nahm naiverweise an, dass diese ihm von Natur aus zukäme."[60]

Hier möchte ich in Erinnerung rufen, dass wir fast alle in Familien sozialisiert wurden (und auch diejenigen, die etwa in Kinderheimen arbeiten, ihre primäre Erziehung in Familien erlebt haben), daher von klein auf die Machtverhältnisse abgeschaut und mangels Vergleichsmöglichkeiten verinnerlicht haben. Man imitiert daher probeweise das bekannte Dominanzverhalten bereits dann, wenn man jemand dazu bringen möchte, seine Erwartungen oder Wünsche zu erfüllen, sprich: auf Machtausübung abzielt – oder, und das aber meist bewusst, die Machtausübung anderer unterminieren will.

Sehr gut konnte ich dies in meiner Zeit als politische Mandatarin beobachten: die obersten Funktionsträger pflegten anscheinend huldvoll und scheinbar ohne sexuelles Interesse vor allem den jungen und attraktiveren Nachwuchspolitikerinnen „Hand anzulegen", und kaum stieg jemand in der Hierarchie

---

59 N. M. HENLEY, s. o., S. 150
60 E. FROMM, „Die Furcht vor der Freiheit", S. 109

über den untersten Rang hinauf, wagt er sich an die nunmehr unter ihm stehenden Frauen heran. Als ich dann später bereits beratend und therapierend tätig war und viele der früheren KollegInnen bei mir ihr Herz ausschütteten, erfuhr ich nicht nur, wer was bei wem mehr oder weniger erfolgreich versucht hatte, sondern konnte auch die Motive deutlich erkennen: nur bei wenigen war es Kontaktsuche zur Bewältigung von Einsamkeit, manchmal pubertäre Neugier, manchmal kurzfristige Verliebtheiten auf Grund der Nähe, die sich etwa beim Wahlkämpfen ergab, bei den meisten aber eine mehrfach befriedigende Strategie, auf diese Weise zum Schweigen verpflichtete Verbündete zu gewinnen – bei allen aber die Fantasie, sie wären so attraktiv, dass jede Frau dankbar sein müsste, sich seiner Gnade erfreuen zu dürfen.(Die so attackierten Frauen hingegen schwankten zwischen peinlichen Gefühlen, bedienter Eitelkeit und mehr oder weniger verzweifelter Ahnungslosigkeit, wie sie ohne beiderseitigem Gesichtsverlust aus diesem Machtspiel herauskommen könnten; die oft fantasierte Berechnung dagegen erlebte ich nie.)

Ein gleiches Phänomen beschreibt der nicht unumstrittene Psychiatrieprofessor (und „angeheiratete" Verhaltensforscher) David JONAS am Beispiel von Primarärzten, die er mit den Leittieren in Primatenpopulationen vergleicht:

> „‚Alpha-Männchen' stehen nicht nur im sozialen, sondern auch im sexuellen Rang höher. Verhaltensautomatismen aus der Vormenschenzeit können sich bis heute als Verursacher von Eheproblemen auswirken. Dies wird am Sexual- und Eheleben junger Mediziner gezeigt. ... Das stärkste Männchen wird durch Rivalitätskämpfe bestimmt und nimmt dann die Alpha-Position unter seinen Artgenossen ein. Dadurch gewinnt es den alleinigen Anspruch auf die Weibchen, die sich im Östrus befinden. ... Reflektorisches Sinken des Testosteronspiegels niedrigrangiger Männchen sorgt dafür, dass keine weiteren Rivalitätskämpfe den Zeugungsprozess stören;

dies kann im Laborversuch mit Schimpansen bewiesen werden. Hinzu tritt hemmend bei den Nachgeordneten die Angst vor dem Alpha-Männchen."

Solange Ärzte unter Ausbildungsdruck stünden, meint JONAS, müssten sie damit rechnen, ausgestoßen zu werden, falls ihre Leistung nicht genüge; dies halte ihre Sexualität eher geschwisterlich „auf Sparflamme". Mit dem Aufstieg auf den Sprossen der Berufsleiter werde aber das Verhalten von dem Automatismus gesteuert, der die Rivalität unter gleichgeschlechtlichen Artgenossen hervorruft: „Sticht er seine Konkurrenten aus, wird er zum Alpha-Männchen mit der für diesen typischen erhöhten Sexualität."[61] Ich korrigiere aus meiner klinischen Praxis mit der Formulierung: „typischen demonstrierten erhöhten Sexualität". Denn zwischen dem zur Schau gestellten und tatsächlich ausgeübten Verhalten liegen bedingt durch Überarbeitung, Sorgen und Schlafmangel meist Welten!

Demonstrierte Potenz bietet aber auch Niedrigrangigen Anreiz, sich einem vermeintlichen „Schutzherren" unterzuordnen. Erich FROMM schreibt dazu:

„Neben der Familie gab ihm auch sein Nationalstolz (und in Europa häufig auch sein Standesbewusstsein) ein Gefühl von Bedeutung. Selbst wenn er persönlich ein Niemand war, war er doch stolz darauf, einer Gruppe anzugehören, die sich anderen vergleichbaren Gruppen überlegen fühlen konnte."[62]

Diese ideelle Nähe – denn reale gibt es meist nur auf den untersten Rängen – erschafft eine Scheinsicherheit gegen die drohende Erkenntnis der eigenen Machtlosigkeit, Bedeutungslosigkeit und damit Ersetzbarkeit im Beruf wie im Privaten.

---

61 A. D. JONAS, „Orientierungshilfen zur Psychotherapie in der Allgemeinpraxis", S. 98
62 E. FROMM, s. o., S. 109

Wenn also Erving GOFFMAN über den Unterschied sozialer Klassen in der Gesellschaft schreibt: „Es differieren nicht nur die Symbole zur Anerkennung der Privatsphäre der anderen, sondern auch der Grad der Abwehr gegen Kontakte ist, je höher die Klasse, desto umfassender und vollendeter"[63], und als Beispiel den Abstand zwischen den Stühlen bei Tisch anführt, und Nancy HENLEY darauf hinweist, dass in den unteren sozioökonomischen Schichten der körperliche Kontakt zwischen Müttern und Kindern größer ist als in den oberen Klassen[64], so drängt sich die Sichtweise auf, dass unter der neuerdings kommerziell als Lernmöglichkeit propagierten Machtkompetenz vor allem das Einüben von derartigen Strategien und Taktiken zur Herstellung von Ungleichheit, daher im Klartext Machtmissbrauchskompetenz zu verstehen ist.

Zu den Raumstrategien zählen auch die bereits erwähnten Kulissen der Macht[65], die großen Schreibtische, vor denen man sich wie ein Bittsteller fühlen soll, die langen „Anmarschwege" mit oder ohne Lift zu den Plätzen der Macht, unterschiedliche Höhen von Sitzgelegenheiten, Lichtspiele mit Blendungseffekten, Einsatz von Zugluft, aber auch Kleidungsprivilegien, bevorzugt mit hohen Absätzen, künstlich verbreiterten Schulterpartien und Spitzhüten. Es geht immer darum, andere kleiner, schmächtiger erscheinen zu lassen – vor Publikum wie auch vor sich selbst. Manche Machthaber scheuen sogar nicht davor zurück, sich an einem fremden Schreibtisch gemütlich einzurichten und den Besitzer dieses Arbeitsbehelfs „haltlos" im Raum stehen zu lassen – oft als Test, wie weit die Devotion des anderen geht.

Inmitten solcher Kulissen lassen sich Machtkämpfe prächtig inszenieren. Wer einen Gesprächspartner unter Druck setzen will, weiß Albert THIELE, kann beispielsweise warten lassen, Blickkontakt vermeiden, ohne Erklärung auf Begrüßungen verzichten, Handschlag verweigern oder schmerzhaft zupacken,

---

64 N. M. HELEY, s. o., S. 157
65 C. STEINER, s. o., S. 99 ff.

demonstrativ weiterarbeiten (Ergänzung von mir: Steigerungsform: ohne Erklärung zu arbeiten beginnen), Platz einteilen, oder wiederholt aus Ende drängen[66].

Das Angebot zahlreicher Ratgeberbücher, die Anleitung zur Kampfrhetorik wie auch für clevere Antworten auf dumme Sprüche versprechen[67], beweisen die Nachfrage nach verbalen Waffen bzw. Schutzschilden. Auf der Energieebene sind Wortgefechte jedenfalls Versuche, den anderen zu treffen, schwächen, verletzen oder auch vernichten. Sie zeugen von Missbrauch der Macht der Stimme und damit ebenso von sozialer Inkompetenz wie Kommunikationsverweigerung aus Überheblichkeit (oder mit Überheblichkeit überkompensierter Hilflosigkeit).

Bewertungsmacht

Macht als Potenzial für Einflussnahme kann rechtlich verankert sein („de iure") oder im jeweiligen Augenblick tatsächlich unwidersprochen ausgeübt werden („de facto"). Machtmissbrauch beginnt immer dann, wenn das Ziel der Überlegungen und Handlungen nicht eine prosoziale, also die Gemeinschaft stärkende Problemlösung ist, sondern die einflussreichere Person oder Gruppierung primär den eigenen Vorteil zum Nachteil der jeweils anderen verfolgt und durchsetzt. In der Mediation, Diplomatie oder sonstigen Schlichtungsbemühungen wird beispielsweise immer gesucht, den Vorteil der einen Streitpartei mit einem Vorteil der anderen auszugleichen, Betonung auf „gleich". Das bedeutet allerdings offene und ehrliche Kommunikation, Aufzeigen von Grenzen, konstruktive Suche nach Alternativen und eine wertschätzende Geisteshaltung. Gerade letztere fehlt aber bei Machmissbrauch, offene und ehrliche Grobheit, brutale

---

66 A. THIELE, s. o., S. 91
67 Vgl. R. ALLEN, „Das letzte Wort behalten", B. BERCKHAN, „Judo mit Worten", A. CICERO/J. KUDERNA, „Die Kunst der ‚Kampfrhetorik'" und „Clevere Antworten auf dumme Sprüche", B. LATOUR „Um keine Antwort verlegen" u. v. m.

Grenzziehung und Androhung negativer Alternativen hingegen kommen vor, sind aber destruktiv.

Jemand Wertschätzung vorenthalten ist nicht immer nur eine kurzfristige Taktik zur Schwächung der Selbstachtung und Verwirrung. Erving GOFFMAN listet in seinen Überlegungen zu den als psychotisch bezeichneten Verhaltensweisen, die die öffentliche Ordnung in Frage stellen, auf, dass viele situationale Unangemessenheiten gar nicht mit gerne diagnostizierter Geisteskrankheit („Der ist ja verrückt!") korrespondieren: „Da gibt es z. B. das ungeschliffene Verhalten des kulturell Fremden, den Arroganten, den Exzentriker, den Unverschämten, den Fiesen, den Feierlichen, den Süchtigen, den Alten und den Jugendlichen." In der Literatur, so der Autor, werde daher bei der Suche nach Gemeinsamkeiten vorgeschlagen, „eine psychotische situationale Unangemessenheit als eine Handlung zu bezeichnen, in die man sich nicht leicht einfühlen kann, weil sie den Eindruck erweckt, der Handelnde sei unberechenbar und nicht vertrauenswürdig, er lebe nicht in derselben Welt wie man selbst, und man könne sich nicht an seine Stelle setzen".[68] Diese Definition passt auch auf soziale Inkompetenz, und sie zeigt deren Nähe zu den Symptomen des Borderline-Syndroms[69] bzw. der Alkoholpsychose oder anderen Formen von Substanzmissbrauch. Ich möchte nun aber keine Diagnose abgeben, bin auch bekannterweise keine Freundin von Diagnosen, die nur der schnellen Verständigung unter Angehörigen von Psy-Berufen dienen und wenig oder nichts über die Ursachen von Leidenszuständen aussagen. So pflege ich manchmal zu scherzen, „Ärgert mich nicht, sonst bekommt Ihr eine Diagnose!" – was leider nicht alle als Selbstpersiflage verstehen. Aber auch GOFFMAN schreibt kritisch über psychotisches Verhalten:

---

68 E. GOFFMAN, s. o., S. 156
69 Z. B. rasch wechselnde widersprüchliche Stimmungen, unsichere Identität, Neigung zu Gewaltausbrüchen oder anderen Grenzverletzungen

„Wenn ein hirngeschädigter Patient und ein funktionell kranker Patient ähnliches Fehlverhalten zeigen – es z.B. unterlassen, auf den Beginn eines Engagements[70] zu reagieren –, dann findet die Psychiatrie Gründe, sich in der Überzeugung zu bestätigen, dass das Verhalten, medizinisch gesehen, eine symptomatologische Angelegenheit sei, ob die Krankheit nun organisch oder funktionell bedingt ist. Aber das ist sicher eine Umkehrung der Verhältnisse. Der organisch kranke Patient verhält sich so, als habe er ein sozial strukturiertes Delikt begangen, ebenso wie das starre Schweigen einer Eule von uns als Zeichen der Weisheit gedeutet wird. Der funktionell kranke Patient aber zieht sich vom Kontakt in seiner vollen und ursprünglichen Form zurück."[71]

Meist hat er dafür gute Gründe – nur teilt er sie nicht mit, und das, weil er grundsätzlich nicht teilen will – egal ob aus Angst, schlechter Erfahrung, Strategie des Machtgewinns oder Machterhalts oder weil er sich als etwas Besonderes wähnt .

Sozial kompetent wäre es, allfällige Rückzugsbedürfnisse mitzuteilen und dafür Respekt einzufordern, jedoch selbst die Kontaktbedürfnisse anderer ebenfalls respektvoll zu akzeptieren und ihnen dafür ein realistisches Angebot zu erstellen.

Sich vertragen bedeutet, Verträge zu schließen. Sozialkompetenz beinhaltet diese Paktfähigkeit. Sie setzt allerdings die Bereitschaft voraus, einander „auf gleicher Augenhöhe" zu begegnen.

---

70 Zur Erinnerung: Engagement bedeutet in der Terminologie GOFFMANS die Anbahnung einer Kommunikation
71 E. GOFFMAN, s. o., S. 161 ff.

> *„Nichts ist schwerer und erfordert mehr Charakter,*
> *als sich in offenem Gegensatz zu seiner Zeit zu befinden*
> *und zu sagen: Nein!"*
> Kurt TUCHOLSKY[1]

Sozialkompetenz als Haltung

Balance

Wozu sich also überhaupt um Sozialkompetenz bemühen, wenn doch die mit Vehemenz und viel PR vertretene pessimistische Zukunftssicht des unaufhaltsamen Herrschaftsgewinns von unreflektierten Machtneurotikern, die sich nur um ihre Bilanzen und das Funktionieren, nicht aber Regenerieren ihrer Belegschaft scheren[2], quasi als Teufel an die Wand gemalt wird? Verharmlosende Engelchen drüber zu malen wird wohl nicht die Lösung sein... der Untergrund bleibt ja gleich.

Kann das eifrige Erlernen der propagierten Kommunikations-, Konfliktlösungs- und „Führungs"techniken überhaupt solch ein „Überleben im Stress"[3] gewährleisten? Oder richtet das nur neuerlich den ichbezogenen Blick auf den eigenen Nabel und weg von der sich immer schneller wandelnden Außenwelt und deren nationalen wie internationalen Dynamiken zur Änderung der mikro- und makroökonomischen Strukturen?

Innenkehr bewerte ich durchaus positiv, wenn sie hilft, die Signale des eigenen Körpers wahrzunehmen, vor allem dann, wenn diese auf pathogene Einwirkungen hinweisen; dazu zähle ich nicht nur gesundheitsschädigende Arbeitsbedingungen oder

---

1 Zitiert nach A. S. LABUHN, „Zivilcourage", S. 1
2 Vgl. N. KLEIN, „No Logo" oder G. RITZER „Die McDonaldisierung der Gesellschaft"
3 So der Titel des Klassikers zum Autogenen Training von Hannes LINDEMANN.

Privatbeziehungen, sondern unter anderem auch mediale Angstmache und – eigene Fantasien. Vor allem Angstfantasien.

Viele Ängste entstammen dem Gedächtnis unseres Körpers[4] aus Situationen bzw. Zeiten der Hilflosigkeit – kindlichen Erfahrungen aus Elternhaus, Schulzeit, ersten Liebesbeziehungen, ersten Konkurrenzen. Das sind dann die so genannten neurotischen Ängste; ihren Namen beziehen sie daher, dass sie durch Aktivierung individueller neuronaler Erinnerungsspuren im Gehirn ausgelöst werden und mit aktuellen Situationen nicht in Einklang stehen.

Im Gegensatz dazu werden als Realängste benannt, deren Auslöser im breiten Masse kollektiv gleich bedrohlich erlebt und mit gleichartigen Gefühlen beantwortet werden. Existenzangst kann neurotisch sein, wenn jemand etwa bei langfristig guter Auftragslage und stabilen Kosten fürchtet, finanziell unter die Räder zu kommen. Dann findet man vielleicht in der tiefenpsychologischen Regressionsarbeit unausgedrückte Wut über ein Geschwister, das einem immer mehr oder weniger heimlich zugeteilte Essensportionen entwendete. Existenzangst kann aber auch sehr real sein, wenn der Betrieb etwa in die roten Zahlen schlittert, die Auftragslage langfristig als schlecht prognostiziert werden muss und niemand da ist, von dem oder der innovative Ideen erwartet werden können.

Wer Angst hat, macht sich klein – zieht den Kopf ein, krümmt sich, hält die Luft an, der Atem stockt, die Herzkranzgefäße verengen sich, man gibt keinen verräterischen Laut mehr von sich – und verkleinert so die Angriffsfläche seines Körpers; damit verliert man aber gleichzeitig Überblick, Handlungsraum und Kraft. Die stammt nämlich weitgehend aus dem eingeatmeten „Kosmos" und aus – Balance.

Balancieren bedeutet ausgleichen – seine Mitte finden, in ihr ruhen, aufrecht und aufrichtig sein und damit einen guten Stand haben. In der Körperpsychotherapie dienen diesem Ziel die Übungen zum „erden" und zum Aufrichten der Wirbelsäule;

---

4   Vgl. J. BAUER, „Das Gedächtnis des Körpers"

man findet diese „Exerzitien" jedoch auch mehr oder weniger propagiert in allen Religionen.

Die Notwendigkeit, Balance zu finden, trifft aber nicht nur das Individuum sondern ebenso jedes Paar, jedes Team, jede Familie, jede Gemeinde, ja sogar die Staatengemeinschaft. Je größer, je komplexer, je heterogener die Sozietäten sind, desto mehr Aufmerksamkeit, Energie und Zeit kann die Ausgleichssuche benötigen – besonders dann, wenn deren Sinnhaftigkeit noch nicht erkannt wurde. Meist tritt dieser Zeitpunkt erst nach mehr oder weniger großen Schäden ein.

Aufmerksamkeit kann als zielgerichtete Energie verstanden werden; sie ist eine Kraftquelle, wenn man sie bewusst einsetzt. Dann lautet nämlich die stille Autosuggestion: „Ich will mich mit diesem Zielobjekt beschäftigen" – Betonung auf „ich will". Das entspricht dem mehrfach zitierten „Engagement" bei GOFFMAN, nur sieht er dies als gesellschaftliches Ritual, dessen Verweigerung irritiert oder auch verletzt; ich hingegen möchte die selbststärkende Wirkung hervorheben, die dadurch entsteht, dass man nicht der Etikette gehorcht sondern den anderen freiwillig entgegenkommt um mehr Information zu erlangen und dazu Bezug nehmen zu können. Dieser Bezug kann dann durchaus in einer – hoffentlich freundlichen – Ablehnung der konkretisierten Erwartungen oder gar Forderungen der Gegenseite bestehen.

Wenn man sich nicht um Ausgleich kümmert, besteht die Gefahr der Vergiftung durch Einseitigkeit und mangelnde Entsorgung von Schadstoffen. Eigentlich sollte dies allen von der eigenen körperlichen Ebene bekannt sein: mangelndes Ausatmen, mangelnde Muskelentspannung, mangelnder Stoffwechsel führen nicht nur zu schwerwiegenden körperlichen (beispielsweise Asthma, Lumbalgie, Übersäuerung) sondern auch psychischen Störungen. Man fühlt sich aufgedunsen, sieht auch so aus, und man wird aggressiv oder apathisch. Sich der eigenen Befindlichkeit und ihrer Verkörperung nicht nur optisch sondern auch im Beziehungsverhalten immer bewusst zu sein und Gleichgewicht herzustellen, erfordert zuerst Wahrnehmung; sich selbst und das Geschehen, an dem man beteiligt ist, „wahr" zu nehmen, ist auch der erste Schritt zur Salutogenese – zur Schaffung von Gesundheit.

Salutogenese

Der Begriff Salutogenese ist eine Wortneuschöpfung als Gegensatz zur Pathogenese und wurde von dem amerikanisch-israelischen Medizinsoziologen und Stressforscher Aaron ANTONOVSKY (1923-1994) geprägt. Bedeutet Pathogenese die Entstehung von Krankheit, wird Salutogenese als Aufbau bzw. Förderung von Gesundheit verstanden.

ANTONOVSKY ging von der Fragestellung aus, was den Unterschied ausmache, dass manche Menschen auch unter widrigsten Umständen gesund blieben bzw. rasch wieder gesund würden, während anderen hier offenbar hilfreiche Ressourcen – Kräfte oder Verhaltensweisen – fehlten. Während Vertreter einer pathogenetischen Orientierung die Aufgabe darin sähen, Krankheiten zu bekämpfen, sollte eine gesundheitsorientierte Sichtweise Möglichkeiten suchen und nutzen, die präventiv vor Erkrankungen schützen. Diesen Blickwinkel vertritt in seinem Gefolge auch die Weltgesundheitsorganisation WHO mit ihren nachgeordneten nationalen Institutionen zur Umsetzung ihres Programms „Gesundheit 2000", etwa die Gesundheit Österreich GmbH mit ihrer Untergruppierung Fonds Gesundes Österreich, dessen wissenschaftlichen Fachbeirat ich angehöre, und der neben seinen Kampagnen z.B. für gesunde Ernährung oder Herzvorsorge prinzipiell die Schwerpunkte „Gesunde Schule", „Gesunde Betriebe" und „Gesunde Gemeinden (Städte)" gesetzt hat.

Salutogenese wird üblicherweise nur mit gesunder Ernährung, Bewegung und Entspannung gleichgesetzt. Das hängt einerseits mit den fünf Säulen der Gesundheit nach Sebastian KNEIPP[5] und deren traditioneller Umsetzung in der Pflege

---

5 Wasser, Bewegung, Ernährung, Heilpflanzen und „das rechte Maß" im Lebensrhythmus

zusammen, andererseits mit der medialen Aufbereitung: Kochrezepte und Gymnastikübungen lassen sich gut bebildern, und zur Entspannung kann man ebenfalls bildliche Darstellungen östlicher Heilmethoden wie Yoga, Tai Chi oder auch Akupressur anbieten.

Salutogenese betrifft aber nicht allein diese drei Zielfelder; diese bieten sich nur als Ansatzpunkte für Aufklärung und alternative Angebote an: in Schulen und Betrieben lassen sich gut gesunde Jausen oder gesünderes Kantinenessen ebenso einführen wie Bewegungsprogramme, und in den Gemeinden und Städten, die sich zu diesen Gesundheitsprogrammen bekennen, lassen sich dazu Vorträge, Kurse und Aktionen organisieren. Nur: das ändert nichts daran, dass „toxische" Menschen andere Menschen über die Form ihrer Beziehungsgestaltung „vergiften". Ausgleichende „Entgiftungsprogramme" für Seele, Körper und Geist wie Psychotherapie, Massage oder Meditation haben nur nachträglich kurative Wirkung; Kommunikationstrainings bestenfalls präventive. Verbote oder die Inszenierungen von Angst und Schuldgefühlen verstärken hingegen nur die die toxische Wirksamkeit.

Ich verstehe Salutogenese daher als eine prinzipielle Geisteshaltung der Achtsamkeit – nicht nur auf den eigenen Lebensstil sondern auch auf die eigene Wirksamkeit auf die Umwelt; zu dieser zählt, was man wodurch – etwa durch Kommunikationsstil oder Kommunikationsverweigerung, aber auch durch Gestaltung von Strukturen des Zusammenlebens oder Zusammenarbeitens – bei anderen Menschen auslöst, denn: Salutogenese ist keine Einbahnstraße!

Sehr treffend bringt der Oldenburger Psychosomatiker Eckhard SCHIFFER die Erkenntnisse ANTONOVSKYS in Kurzfassung: ob wir krank werden oder gesund bleiben, bestimmt das von ihm so genannten Kohärenzgefühl. Damit ist

„ein Grundgefühl und zugleich auch eine Wahrnehmungsweise der Welt gemeint, dass wir das, was um uns herum geschieht, ausreichend verstehen und auch beeinflussen können. Wir sind nicht hilflos, sondern verfügen über innere und äußere Hilfsquellen – auch in Form von Unterstützung durch Angehörige, Freunde und Nachbarn –, mit denen wir Schwierigkeiten meistern können. Wesentlich am Kohärenzgefühl ist jedoch, dass wir unser Handeln nicht nur als zweckmäßig, sondern auch als sinnvoll empfinden."[6]

Ich selbst bin unabhängig von ANTONOVSKY durch meine psychotherapeutische Arbeit mit Gewaltopfern, insbesondere vergewaltigten Frauen, zu fast den gleichen Ergebnissen gelangt, allerdings heißen bei mir die drei Kriterien der Salutogenese nicht wie bei ANTOVSKY Verstehbarkeit, Gestaltbarkeit und Sinnfindung, sondern ich setzte vor dem Verstehen die Wahrnehmung, vor dem Gestalten das Bewusstsein von alternativen Möglichkeiten und vor der Sinnfindung die Übernahme der Verantwortung für die als stimmig empfundene Wahl. Ich folge damit im Gegensatz zu den soziologischen Schlussziehungen ANTONOVSKYS der psychotherapeutischen Erforschung, wie sie vor allem im systemischen Ansatz in strukturierte Fragen gekleidet wird: was ist es, das meine Aufmerksamkeit anzieht – welche Möglichkeiten der Beeinflussung habe ich – für welche dieser Möglichkeiten will ich mich entscheiden.

Sozialkompetenz und salutogenes Verhalten sind identisch: sie setzen Selbsterkenntnis voraus – die „Unterscheidung der Geister"[7], d. h. von salutogenen und pathogenen Impulsen innerhalb unserer Ganzheit als Leibseelegeisteinheit – und das Bewusstsein, dass wir vor unserem konkreten Verhalten immer diesbezügliche Entscheidungen treffen können. So schreibt auch der Psychotherapeut Rüdiger LORENZ:

„Eine gelungene Bewältigung im Sinne des Einsatzes geeigneter Coping-Strategien bestärkt unser Selbstbe-

---

6   E. SCHIFFER, „Wie Gesundheit entsteht", S. 10
7   M. HORATCZUK SJ, „Frontwechsel zum Guten", S. 15

wusstsein und fördert damit die Gesundheit des Menschen. Sobald dieser Prozess stagniert oder misslingt, entstehen krankmachende Stressgefühle."[8]

Stressoren – das sind Stress auslösende Ereignisse wie beispielsweise am Telefon angebrüllt zu werden – setzen den Organismus nämlich in einen Zustand der Anspannung (Kampf- oder Fluchtbereitschaft); wenn sie nicht in einen Prozess der Entspannung übergeführt werden können, schaffen sie pathogenen Stress. Das erklärt auch die höheren Morbiditäts- und Mortalitätsraten der unteren sozialen Schichten. „Die anhaltenden Spannungen dieser Menschen", schreibt LORENZ, „lassen sich ungleich schwerer lösen, weil die Ausweglosigkeit in vielerlei Notlagen durch permanent einwirkende Stressoren nachhaltig gegeben ist."[9]

Ausweglos ist aber auch oft die Situation von Kindern gewalttätiger oder vernachlässigender Eltern und von EhepartnerInnen oder MitarbeiterInnen von „Aufschneidern, Intriganten und Despoten"[10], die oft keinerlei Möglichkeit besitzen, sich innerhalb deren Lügengebäuden zu orientieren, teils weil ihnen das Wissen und damit der Erkenntnisapparat (die erkennende Neurosignatur) über die Ursachen sozialer Inkompetenz fehlen, teils weil sie ganz konkret daran gehindert werden, „wahr" zu nehmen und dieser Wahrnehmung entsprechend zu handeln.

Aber auch den Menschen in ihrer Umwelt fehlen oft alternative Programme zum Umgang mit solchen sozialen Missständen außer Kontrollieren, Verbieten und Strafen, was meist nur wiederum Abwehr und Verstecken auslöst.

---

8 R. LORENZ, „Salutogenese", S. 27
9 R. LORENZ, s. o., S.28
10 So der Untertitel des Buches „Der Arschloch-Faktor" (Original: „The No Asshole Rule") des Stanforder Managementprofessors Robert I. SUTTON.

Wahrnehmung

Die Schweizer Psychoanalytikerin Alice MILLER hat ihr Buch über Gewalt an Kindern „Du sollst nicht merken" genannt und damit bereits die Zerstörung der Wahrnehmung von klein auf betont. Zur Erinnerung: fast jede/r kennt das Wahrnehmungsverbot „Das bildest du dir nur ein!" und die Zensur: „Du siehst das falsch!" Solche Sätze sind Attacken auf die Wahrnehmung oder gar Versuche der Verwirrung, Täuschung und Irreführung. Man bildet sich immer etwas ein – man macht sich immer geistige Bilder, nur oft so schnell, dass man sie nicht bewusst wahrnimmt. Und falsch kann man nichts sehen – man sieht wie man sieht. Jemand anderer sieht anders – oder will nicht, dass man so sieht wie man sieht. Solche Sätze nenne ich Müllsätze – sie stellen etwas Unwahres dogmatisch fest und sagen nichts über die Sichtweise oder Befindlichkeit des Widerparts aus; sie sind toxisch. Sie vergiften zuerst das subjektive innere Wahrheitsempfinden, dann die Selbstachtung und zuletzt das Sozialvertrauen. Sie gehören schnellstens entsorgt. Dazu ist aber nötig, sich selbst die Erlaubnis zum kritischen Hinterfragen zu geben, was bedeutet, auch die eigene Wahrnehmung zu kritisch zu überprüfen: belüge ich mich etwa selbst?

Ich nenne es Wahrnehmung erster Ordnung, wenn die Blickweite vergrößert wird; wer Auto fährt, hat vielleicht noch in Erinnerung, dass es einige Zeit dauert, bis man den Panoramablick eingeübt hat und auch den schnellen Wechsel zum fokussierten Schauen, wenn man ein Detail am Straßenrand, etwa eine Straßenbezeichnung, genauer ins Augenmerk nehmen will. Wahrnehmung erster Ordnung braucht man, um zu bemerken, wenn ein Mitglied einer – überschaubaren! – Gruppe unhörbare Unmutssignale gibt.

Als Wahrnehmung zweiter Ordnung bezeichne ich hingegen den gedachten Überblick[11] über die Situation, in der man sich befindet, bei dem man sich selbst dissoziiert im Blickfeld

---

11 Vgl. R. A. PERNER, „Wer den Himmel will muss fliegen können"

sieht. Dissoziiert bedeutet, man betrachtet sich selbst wie ein Beobachter sein Blickobjekt; assoziiert hingegen bezeichnet den realen Blick als Subjekt aus den eigenen Augen. In diesem Fall spürt man üblicherweise auch die Emotionen, die durch die optische Informationsaufnahme ausgelöst werden. Dissoziation „passiert" oft während traumatischer Erlebnisse und schützt den Organismus vor unerträglichen Reizüberflutungen. Diese Schutzdistanzierung kann aber bei wiederholten schockierenden Erlebnissen auch chronisch werden, und sie kann auch zum Selbstschutz willentliche Anwendung finden. Deswegen sollte diese qualifizierte Wahrnehmung immer mit bewusstem Nachforschen nach den emotionalen Reaktionen gekoppelt werden, damit die Balance zwischen Denken und Fühlen verwirklicht wird und nicht eines zu Lasten des anderen verkümmert.

Sozialkompetenz beinhaltet immer die Wahrnehmung der eigenen Gefühle und das Interesse an den Gefühlen anderer – nicht nur, weil Gefühle starke Motoren zur Veränderung, positiv wie negativ, darstellen, sondern vor allem auch, weil sie zu Vertrauen und Loyalität motivieren, ohne die oft wesentliche Störfaktoren verschwiegen werden. Reinhard SPRENGER erinnert, dass man nicht nur für das verantwortlich ist, was man tut, sondern auch für das, was man unterlässt: „Es gibt nämlich auch ein Lügen durch Schweigen". Er nennt dies „aktive Wahrhaftigkeit"[12].

Wahrnehmung sollte immer möglichst umfassend sein – auch wenn sie unangenehme Gefühle auslöst. Diese zumindest so lange zu ertragen, bis man sich für die adäquate Reaktion entschieden hat, kann man lernen. Wer das bereits kann, der hat, wie der Volksmund so treffend formuliert, „einen langen Atem"[13]. Dem entspricht wiederum die Wahrnehmung erster

---

12 R. SPRENGER, „Vertrauen führt", S. 114
13 Diese Fähigkeit korrespondiert mit der Selbststeuerung des Atemrhythmus: weder angstvoll „die Luft anzuhalten" noch aufgeregt zu hecheln, weder blockiert zu pumpen noch resignativ zu seufzen, sondern gleichmäßig ruhig den Atem balancieren – sie wie es im Autogenen Training heißt: es atmet mich.

Ordnung – den virtuellen Blick auf den Zukunftshorizont und die sich dort möglicherweise abzeichnenden Negativfolgen, aber gleichzeitig auch auf den Weg dorthin, um mögliche „nachhaltige" Vorsorgehandlungen fantasieren zu können.

In der Wahrnehmung zweiter Ordnung, dem quasi Supervisionsblick, verwirklicht sich bereits das von ANTONOVSKY so genannte Kohärenzgefühl: man kann erkennen, dass Raum und Zeit für unterschiedliche Gestaltungsmöglichkeiten besteht – vielleicht nicht in der Gestaltung der Umwelt und der Aktionen der anderen Menschen, sehr wohl aber für das eigene Fühlen und Handeln. Man muss dann aber auch aushalten können, dass die eigenen Erwartungen an sich selbst vom bisherigen Ich-Ideal abweichen. Hans STROTZKA zitiert in seiner psychoanalytischen Alltagsethik den Psychoanalytiker André HAYNAL:

> „Die Psychoanalyse ist die Suche des Menschen nach der Wahrheit über sich selbst; ein asketisches Unterfangen, das nicht ohne Verletzung der Selbstliebe, des so genannten Narzissmus, vor sich gehen kann."[14]

Ich ergänze: Man kann bei diesem Verlust an Größenfantasie stehen bleiben – man kann sich aber auch weiter entwickeln und Selbstliebe mit Nächstenliebe balancieren, nämlich wenn man lernt, das beglückende Gefühl wahrzunehmen, sein Potenzial als liebender Mensch zu entfalten (und das ohne sich in sentimentalem Sozialromantizismus zu verlieren).

Je stärker man sich auf ein Ziel konzentriert, desto mehr läuft man Gefahr, alles rundherum nicht mehr wahrzunehmen: Veränderungen in den Leitwerten der Gesellschaft, in den Angeboten an Vorbildern in den Medien, in den nachahmenden Verhaltensstilen, in den Prioritäten der Politik. Sozialkompetenz umfasst den interessiert wahrnehmenden Gesamtüberblick gleichsam in konzentrischen Kreisen vom Naheliegenden zum Globalen, bevor die Entscheidung getroffen wird, wofür man

---

14 H. STROTZKA, „Fairness – Verantwortung – Fantasie", S. 45

sich nachfolgend im Einzelnen einsetzen will. Es genügt oft, zwei Tageszeitungen mit unterschiedlicher Blattlinie zu lesen, um sich über Licht- und Schattenseiten zu informieren, oder bewusst Menschen mit widersprüchlichen Ansichten zuzuhören, um sich von indoktrinierten Glaubenssätzen zu befreien. Man muss nur die Suche nach der einen Wahrheit aufgeben und statt dessen die eigene Sichtweise als nur eine von vielen, die sich auch ändern kann, anerkennen – dann kann man auch die eigenen Entwicklungswege wahrnehmen und sich am eigenen Wachstum freuen wie dieses ebenso auch anderen zugestehen.

Wachstum ist ein dynamischer Prozess und daher für all diejenigen bedrohlich, die ängstlich an ihrem – vermutlich mühsam errungenen – Status festhalten und jede mögliche Gefährdung ihrer augenblicklichen Position vermeiden wollen. Hinter dieser Besorgnis liegt die meist unbewusste Angst vor dem Vergleich – und den sehe ich als eine Falle.

Wenn nicht schon im Elternhaus, so spätestens in der Grundschule werden wir verglichen, bewertet und mit richtig oder falsch ausgezeichnet. Gezeichnet. Mit Ziffern benotet, kann man Menschen bereits von klein auf in Rangordnungen einreihen und damit Begabungen an der Entfaltung hindern. Sehr einprägsam beschreibt dies Andreas SALCHER in seinem Bestseller:

„Wenn in Österreich ein Schüler mit vier schlechten Noten in Englisch, Deutsch, Französisch und Musik und einer ausgezeichneten Note in Physik nach Hause kommt, dann wird man alles tun, damit er in den vier schlechten Fächern zumindest durchschnittlich wird, und in Physik wird man gar nichts tun, weil er dort ohnedies gut ist. Noch grausamer wird diese Konzentration auf die oft einzige Schwäche eines Schülers, wenn sie ganz offenkundig und für alle erkennbar ist. Erinnern Sie sich noch an den ‚Bladen' oder das ‚Dickerl' in Ihrer Klasse?"[15]

---

15 A. SALCHER, „Der talentierte Schüler und seine Feinde", S. 27

Sozial kompetente Eltern oder Lehrkräfte verzichten darauf, solche Mikrotraumen zu verursachen; trotz aller gegenteiligen empirischen Nachweise hält sich aber noch immer der irrige Glaubenssatz, man könne Menschen durch abwertende Vergleiche zu besseren Leistungen anspornen. Dabei ist das Gegenteil der Fall: nur wenige Menschen haben sich ausreichend Aggressivität erhalten können, bei derartigen Attacken auf das Selbstwertgefühl nicht in Resignation und Depression zu verfallen.

Dieser destruktive Glaubenssatz stammt aus den traditionellen Methoden des militärischen Drills[16], mit denen Männer ihrer individuellen Selbstachtung beraubt und zu einem devoten Corps zusammengeschmiedet werden sollten, damit sie im Nahkampf blind, d. h. ohne nachzudenken oder gar nachzufühlen, gehorchten. Sie sind heute zumindest in Mitteleuropa des dritten Jahrtausends weitgehend überholt. Dennoch halten noch immer etliche Erziehungsberechtigte unreflektiert an dieser „Schwarzen Pädagogik" fest, weil sie sich nicht belehren lassen wollen – wobei wieder die Vergleichsfalle, diesmal als Kampf ums Besserwissertum, auftaucht.

Wir leben in einer Zeit des Narzissmus, die durch Angst vor Nähe, Pseudo-Selbsterkenntnis, Verlust der historischen Vergangenheit und Selbstherrlichkeit gekennzeichnet ist; damit wird es möglich, mit den Spannungen und Ängsten des modernen Lebens fertig zu werden. „Wir leben in einer Gesellschaft, in der ‚zuerst ich' zählt, und die durch einen Rückgang des Interesses an der Öffentlichkeit und an sozialer Verantwortung gekennzeichnet ist.", schreibt der amerikanische Psychologieprofessor David BRANDT[17] Viele sehen in diesem Phänomen eine Folge der Wohlstandsgesellschaft seit dem Wiederaufbau nach dem zweiten Weltkrieg, in der Menschen einander nicht mehr brauchen wie noch vorher, weil man ohnedies alles

---

16 Dabei sei daran erinnert, dass sich Kaiserin Maria Theresia, als sie 1774 die Unterrichtspflicht einführte, mangels säkularer Pädagogen ausgemusterter Militärangehöriger als Lehrer bediente.
17 D. BRANDT, „Ist das alles?", S. 92 ff.

im Supermarkt kaufen kann und die Frage nicht mehr lautet, wer sich überhaupt etwas, sondern nur mehr, wer sich was und wie viel davon in welcher Wechselgeschwindigkeit leisten kann. Dementsprechend funktionieren schulischen Konkurrenzstrategien nicht mehr unbedingt sondern eher nur mehr bei denen, die schon in ihrer Geschwisterkonstellation Rivalitätsverhalten statt „brüderlicher" Solidarität eingeübt haben.

Brüderlichkeit bezeichnet der Düsseldorfer Philosophieprofessor Rudolf HEINZ als eine Kulturmaßnahme, die nachträglich als natürlich vorgegeben wird:

> „Wenn schon, dann ist die Brüderlichkeit, wie alle definierten Verwandtschaftsbeziehungen auch, keinerlei natürliche Gegebenheit, vielmehr ein hoch entwickeltes Kulturartefakt im Sinne einer Ordnungsdefinition auf der selbst schon äußerst komplexen empirischen Grundlage einer Homogenität: der gleichen maternalen Herkunft."[18]

Ob man Menschen nach dem Geschlecht ordnet[19], nach der örtlichen oder ethnischen Herkunft oder nach der Mutter oder

---

18 R. HEINZ, „Alle Menschen werden Brüder". In: H. SOHNI (Hg.), „Geschwisterlichkeit", S. 57
19 So schreibt beispielsweise die kalifornische Soziologieprofessorin Nancy CHODOROW, s. o.: „Wir sind es gewohnt, selbst solche Menschen grundsätzlich dem einen oder dem anderen Geschlecht zuzuordnen, deren Geschlechtsorgane nicht eindeutig bestimmbar sind und deren Chromosomenbild abnorm ist. Wir bezeichnen Menschen nach der Art ihrer Fortpflanzungsorgane und -fähigkeiten als weiblich oder männlich. Aber eine Frau ist auch nach einer Totaloperation oder nach einer Sterilisation zweifellos noch immer eine Frau. Ein Mann, der kastriert oder sterilisiert ist, dessen Geschlechtsteile verstümmelt oder amputiert wurden, ist immer noch ein Mann. Manchmal zeigen sich in Statistiken innerhalb eines Geschlechts größere Unterschiede als zwischen Mann und Frau. Geschlechtsspezifische Unterschiede variieren je nach Gesellschaft und Kultur, wobei die Unterschiede zwischen den Kulturen oft größer sind als der Unterschied zwischen Frau und Mann innerhalb einer Kultur." (S. 25 ff.)

wie bei uns im Namensrecht, nach dem Vater[20], sind juristische Konstruktionen, wie der Verlauf der Rechtsgeschichte beweist.

Meine Erfahrung aus vielen Vorlesungen, Vorträgen, Seminaren und ebenso Unterricht im Pflichtschulbereich ist, dass immer dann schweigsame Aufmerksamkeit eintritt, wenn ich Ursachen und Zusammenhänge von Erfahrungen aufzeige, die der Zuhörerschaft aus ihrer Selbstwahrnehmung vertraut aber nicht klar erkannt sind. Mangelnde soziale Unterstützung gehört zu diesen Themen (wie auch Aggression, Gewalt und alles, was mit Sexualität zu tun hat).

Ich sehe wie Christopher LASCH oder David BRANDT eine Ursache der Entsolidarisierung schon auch im Verlust von Bindungen an die Traditionen der Vergangenheit – aber ich sehe auch das Interesse der Produkte erzeugenden Wirtschaft, Vergangenes zugunsten von Neuem abzuwerten (außer es lässt sich als Antiquität teuer verkaufen). Ich sehe aber vor allem den Verlust von Bindungen an die Bezugspersonen der späten Kindheit, deren pädagogisches Repertoire den heutigen Anforderungen, insbesondere der Konkurrenz mit den medialen Vorbildern von Konsum, Gewalt und Kriminalität, nicht mehr gewachsen ist, und die das nicht wahrhaben wollen. Es würde ihr Selbstverständnis als „ohnedies gute Eltern" und damit ihre Selbstbehauptung im narzisstischen Wettbewerb zerstören.

Wenn wir eine gesunde Gesellschaft gestalten wollen, müssen wir wahrnehmen, dass konkurrenzverzichtendes Zusammenwirken eine Kraftquelle darstellt; Konkurrieren kostet Kraft, schafft Feinde und lenkt von den eigentlichen konstruktiven Zielen ab – außer es handelt sich um einen Wettbewerb zur Unterhaltung. Der hat aber üblicherweise feststehende Spielre-

---

20 Dagegen habe ich bei der letzten Änderung des Namensrechts opponiert: würden alle Kinder den Mutternamen tragen, wären all die Schwierigkeiten, die sich durch außereheliche Anerkennung bzw. eheliche Aberkennung der leiblichen Vaterschaft samt Namensgebung, Legitimation, Adoption beseitigt; allerdings müssten Mütter oder Väter auf die narzisstische Zufuhr durch die Weitergabe des Namens verzichten.

geln, die allen TeilnehmerInnen bekannt sind und für den man sich freiwillig entscheiden kann oder nicht.

Alternatives Verhalten

In einem Workshop innerhalb eines Projekts zur Betrieblichen Gesundheitsförderung von Kindergartenpädagoginnen[21] kamen als Stressoren die oft sehr verletzenden Verbalattacken von Eltern und Großeltern zur Sprache. Die immer wiederkehrende Reaktion der Pädagoginnen darauf lautete: „Aber das kann ich mir doch nicht gefallen lassen!" Ich antworte bei solchen spontanen Protesten immer: „Doch – im Sinne von Salutogenese ist das eine Möglichkeit. Es gibt noch viele andere."

Man hat immer viele unterschiedliche Reaktionsweisen zur Auswahl – verletzende, neutrale, prosoziale... – wenn man sich nur erlaubt, den bisherigen Erfahrungsschatz zu durchsuchen und allenfalls etwas Neues zu erfinden. Was an dieser sozialen Kreativität hindert, ist der verinnerlichte Zwang, SiegerIn sein zu müssen. Dabei liegt es für das Selbstwertgefühl an der eigenen Definition von Sieg: ist man nur siegreich, wenn man den anderen Niederlagen zugefügt hat – oder ist man nicht eher Sieger, wenn man diese niederen Instinkte in sich selbst besiegt hat und nicht auf das Niveau der Angreifenden hinabgestiegen ist? Die Voraussetzung dazu ist,
1. Wahrnehmen, dass man im Begriff ist, in eine Kampfsituation einzutreten,

---

21 Das Land Niederösterreich leistete mit diesem Projekt für die Pädagoginnen der Landeskindergärten Pionierarbeit: Üblicherweise zielen Gesundheitsprojekte in Kindergärten nur auf die Kinder, eventuell auch die Eltern, es wird aber immer vergessen, dass vorschulpädagogische Einrichtungen Betriebe sind, deren Mitarbeiterschaft besonderem Stress ausgesetzt ist – allein schon durch das langdauernde Sitzen auf Kinderstühlchen, den Lärm und die vielfältigen Arbeitsunterbrechungen durch Eltern wie auch Vorgesetzte.

2. die minimale Zeitspanne zwischen dem Feuern der Wahrnehmungsneuronen und dem der Handlungsneuronen zu verlängern,
3. sich in dieser Zeit für den Verhaltensstil zu entscheiden, den man leben mag – ich empfehle: loslassen anstatt sich zu „verbeißen" und
4. aus dem geplanten und eingeübten Wortschatz die dazu passende Formulierung zu wählen. Ich finde am besten, abzuklären, ob man die andere Person überhaupt richtig verstanden hat, dann kann man immer noch seine eigene Position bekannt geben (oder sagen, dass man das eben nicht möchte).

Ähnlich weiß auch Rüdiger LORENZ, dass an sich pathogenetisch zu bewertende Faktoren – z.B. angebrüllt werden – auch eine Neuorientierung in Richtung von mehr Gesundheit ermöglichen helfen:

> „Ist es nicht ein heilsamer Neuanfang für ArbeitnehmerInnen, wenn sie bei der heute üblichen Praxis in der Arbeitswelt nach jahrelangem Mobbing bis hin zu schwersten Selbstzweifeln und Suizidabsichten einen Arbeitsplatzwechsel vornehmen können? Ist nicht die nach vielen Jahren des Streits als hoffnungslos gescheiterte und schließlich geschiedene Ehe ein Weg, der eine Neuorientierung für beide Eheleute zu eröffnen vermag?"[22]

Trennungen werden häufig von der Umwelt verdammt – oder aber eingefordert. Bei Eheproblemen etwa mischen sich gerne Freunde und Freundinnen mit der Permanentfrage „Warum lässt du dich denn nicht scheiden?!" ein. Und bei Mobbingprozessen höre ich immer wieder Sätze wie „Ich will das auskämpfen!" oder „Es wäre doch feig von mir, jetzt zu flüchten!" Beides – Kampf wie Flucht – sind archaische Verhaltensweisen aus dem

---

22 R. LORENZ, s. o., S. 28 ff.

beschränkten Repertoire unseres Stammhirns. Wenn man die Prinzipien des salutogenen Denkens anwendet, tauchen solche Möglichkeiten vielleicht als erster Gedanke oder auch unbedachter Handlungsimpuls auf – aber dann gilt es weiter nachzusinnen, welche weiteren Optionen sich anbieten (könnten).

Oft hilft es, sich bewusst zu machen, wer von den Ab- oder Zuratenden bei einer Trennung welchen Vor- oder Nachteil hätte. Diejenigen, die befürchten, sich dann um einen kümmern zu müssen? All diejenigen, die selbst überfällige Trennungen nicht wagten? Oder all diejenigen, denen Bindung noch ein Wert ist?

„Von den Arbeitnehmern wird verlangt, sich flexibler zu verhalten, offen für kurzfristige Veränderungen zu sein, ständig Risiken einzugehen und weniger abhängig von Regeln und förmlichen Prozeduren zu werden", stellt Richard SENNETT betreffend des „neuen Kapitalismus" fest[23], warnt aber, „Vielleicht der verwirrendste Aspekt der Flexibilität ist ihre Auswirkung auf den persönlichen Charakter.", denn: „Charakter drückt sich durch Treue und gegenseitige Verpflichtung aus oder durch die Verfolgung langfristiger Ziele und den Aufschub von Befriedigung um zukünftiger Zwecke willen."[24], und er klagt: „Wie aber können langfristige Ziele verfolgt werden, wenn man im Rahmen einer ganz auf das Kurzfristige ausgerichteten Ökonomie lebt? Wie können Loyalitäten und Verpflichtungen in Institutionen aufrechterhalten werden, die ständig zerbrechen oder immer wieder umstrukturiert werden? Wie bestimmen wir, was von bleibendem Wert ist, wenn wir in einer ungeduldigen Gesellschaft leben, die sich nur auf den unmittelbaren Moment konzentriert?"[25] Wen wundert dann das Phänomen zunehmender Rücksichtslosigkeit, wie auch der Verhaltensbiologe Felix von CUBE schreibt: „Geht Bindung, wie in der Wohlstandsgesellschaft, verloren, nimmt Aggression automatisch zu."[26]

---

23 R. SENNETT, „Der flexible Mensch", S. 10
24 R. SENNETT, s. o., S. 11
25 R. SENNETT, s. o., S. 12
26 F. v. CUBE, s. o., S. 94

Wenn schleichend neue Spielregeln und/oder Glaubenssätze eingeführt werden, bedarf es wiederum der Wahrnehmung, das überhaupt zu bemerken. Seit Ende des zweiten Weltkriegs mit seinem Höhenflug der psychologischen Kriegsführung kann man das Auftauchen und Platzgreifen von Trainings zu strategischen Beeinflussung von Massen beobachten. Ich selbst habe viele derartige Schulungen in meiner Zeit als Mandatarin einer politischen Partei besucht und auch abgehalten. Ich finde es wichtig, diese Methoden zu kennen – und auf sie zu verzichten.

Einer dieser irrigen Glaubenssätze besteht darin, „psychopathische Verhaltensweisen irrtümlich als Führungsqualitäten anzusehen"[27], wie die Arbeitspsychologen BABIAK und HARE schreiben. Schnelle Entscheidungen mit hoher Verantwortungslast treffen zu müssen, bewirkt Stress, übersäuert den Organismus und das macht aggressiv und unleidlich – wenn man diesen Mechanismus nicht wahrgenommen und gegengesteuert hat. Man muss sich in solchen Situationen nicht zur Waffe machen – es gibt alternative Verhaltensweisen. Die Chinesen sagen, „Wenn du es eilig hast, gehe langsam" und meinen damit, den eigenen Rhythmus zu kontrollieren, dass er nicht zu hirnloser[28] Hetzerei ausufert oder in Denkblockaden mündet. Gefühle sind allerdings schon viel früher blockiert – und das ist sicherlich auch eines der geheimen Ziele: Menschen am Fühlen und Spüren zu hindern – sie könnten sonst intuitive Warnsignale aufnehmen und sich gegen unethische oder inhumane Forderungen stellen, beispielsweise die, andere Menschen zu „überfahren", oder anders gesagt: soziale Kompetenz zu beweisen.

Zynisch dahin gesagte Glaubenssätze wie „Die Schnellen fressen die Langsamen" oder „Erst kommt das Fressen, dann erst die Moral" haben leider oft Suggestivcharakter und werden unwidersprochen als wahr genommen, besonders wenn sie von

---

27 P. BABIAK/R. D. HARE, „Menschenschinder oder Manager", S. IX
28 „Hirnlos" spricht das instinkthafte archaische Denken auf Stammhirnniveau (oft auch Reptiliengehirn genannt) im Gegensatz zum reflektierten Großhirndenken an.

Führungskräften propagiert werden. Man wähnt sich sicher im Gleichklang mit den offensichtlich Erfolgreichen und merkt nicht die dahinter liegende Absicht, eigenes Fehlverhalten zu legitimieren. Diesem Zweck dienen ja auch die Hinweise auf unvermeidbare „Kollateralschäden", kritische Aufdecker werden verleumdet, lächerlich gemacht oder auch eingesperrt. Ich denke dabei an Umweltaktivisten, Tierschützer, Globalisierungsgegner und andere Systemkritiker. Statt ihnen zuzuhören und ihre Gegenansichten wertzuschätzen, versucht man sie „aus dem Weg zu räumen", zumindest aber psychisch und sozial zu isolieren. Ich nenne diese Form von Pseudo-Ignoranz die psychische Fahrerflucht: jemand anfahren und verletzt liegen lassen ohne sich um psychische Erste Hilfe zu scheren.

Menschen sind soziale Wesen und brauchen die Spiegelung – den Energieaustausch – mit anderen. Ihnen diesen zu verweigern kann ruhig als sozialer Mordversuch bezeichnet werden. Dennoch wird nach wie vor das Einzelkämpfertum beworben – vor allem das der Männer; das zeigen Filme ebenso wie die Berichterstattung über Wirtschaftsbosse. Frauen kommen nur als Versorgerinnen vor, als schmückendes Beiwerk. Dass viele erfolgreiche Frauen ihren Geburtsnamen behalten, zeigt ebenfalls in diese Richtung: Frauen werden noch immer prinzipiell als Anhängsel eines Mannes „markiert"[29] und eher „eingesetzt", wenn sie sich anhanglos, daher stets verfügbar präsentieren.

---

29 Deborah TANNEN erklärt im Zusammenhang mit dem weitgehend „unmarkierten" Stil von Männern in der Arbeitswelt gegenüber dem von Frauen, die allein durch Kleidung und Frisur bereits „markiert" werden: „Der Begriff ‚markiert' ist ein gängiger Ausdruck der linguistischen Theorie. Er bezieht sich darauf, wie Sprache die Grundbedeutung eines Wortes verändert, indem sie etwas hinzufügt – einen kleinen sprachlichen Zusatz ohne eigene Bedeutung. Die unmarkierte Form eines Wortes trägt die Bedeutung, die sich von selbst versteht – das, woran man denkt, wenn man nichts Besonderes denkt. ...Das Männliche ist der unmarkierte Normalfall. Es gibt Endungen wie ess oder ette, um ein Wort als feminin zu kennzeichnen. Leider weckt eine weibliche Markierung oft auch die Assoziation des Oberflächlichen. Würden Sie Ihr Leben vertrauensvoll in die Hände einer ‚doctorette' legen?" (S. 111)

Auch der Wirtschaft sind Singles lieb und wert: sie teilen ihren Haushalt nicht mit anderen, brauchen daher mehr an Einrichtung zur schnellen Selbstversorgung, geben mehr Geld für persönliche Umwerbungskosten oder ersatzweise Liebhabereien aus und brauchen mehr Geld für Sozialreparaturen[30]. Fähig zu sein, zwischen sich und einem anderen Menschen mit Blickrichtung auf Dauer privat wie beruflich Bindung herzustellen, erfordert Sozialkompetenz: man darf ihn oder sie nicht vergraulen, muss sich mit ihm oder ihr regelmäßig austauschen, muss ihm oder ihr Freiraum zur Weiterentwicklung bieten und krisenresistent sein. Die Grundlagen für diese psychosoziale Belastbarkeit werden in der Kindheit gelegt – oder auch nicht; sie können aber später im Rahmen einer Psychotherapie quasi homöopathisch neu aufgebaut werden.

Auf Kinder bezogen, schreibt der Kinderpsychiater Bruce PERRY:

„Zusätzlich zu ihrer Gleichgültigkeit gegenüber Menschen, die sie kaum kennen, zeigen viele Kinder mit einer reaktiven Bindungsstörung eine unangemessene Anhänglichkeit gegenüber Fremden: Sie scheinen Menschen als austauschbar anzusehen, weil sie nicht die Möglichkeit hatten, von Geburt an eine dauerhafte primäre Beziehung zu einem Elternteil oder einem Elternersatz aufzunehmen. Dieses wahllose Sich-Zuneigen ist jedoch nicht wirklich ein Versuch, sich mit anderen zu verbinden. Genau genommen handelt es sich dabei um Gesten der ‚Unterwerfung', die den dominanten und mächtigen Erwachsenen signalisieren, dass man gehorsam und unterwürfig sein wird und keine Bedrohung darstellt. Kinder mit einer reaktiven Bindungsstörung haben gelernt, dass sie durch zugeneigtes Verhalten potenziell bedrohliche Erwachsene beruhigen (‚entschärfen') kön-

---

30 Damit meine ich all die Beziehungsdienstleistungen, die zumindest in funktionellen Partnerschaften gegenseitig gespendet werden.

nen, aber sie legen es nicht an den Tag, um anhaltende emotionale Bindungen herzustellen."[31]

Auch in der Arbeitswelt und im Privatbereich wird immer weniger Wert darauf gelegt, langfristige Bindungen herzustellen; im Falle von Trennungen steigen dadurch meist die Ansprüche auf Ersatzleistungen für den Verlust. Nur die Kundschaft, die Wählerschaft soll treu sein – aber wie schafft die das, wenn ihr in der Produktwerbung immer wieder Lust und Vorteile des spontanen Wechselns vorgeführt werden?

Salutogen ist, freudige Erwartungen wie auch Horrorvorstellungen durch strukturiertes Denken zu ergänzen: die spontan auftauchenden Glücks- oder Missgeschicksvisionen auf ihren Realitäts- bzw. Fantasiegehalt überprüfen und mögliche Beeinflussungsmöglichkeiten auflisten – positive wie negative – ohne sie vorab zu bewerten. „Emotionspsychologen zufolge ist der Unterschied zwischen dem, was Sie erwarten, und dem, was Sie im Leben tatsächlich erreichen, entscheidend dafür, wie glücklich Sie sind.", weiß der Managementprofessor Robert I. SUTTON. „Wer immerzu erwartet, dass ihm etwas Gutes widerfährt, es dann aber nicht so oder gar noch schlimmer kommt, wird sich permanent unglücklich fühlen."[32] Zur Salutogenese in sozialen Beziehungen gehört aber auch, andere nicht in Fantasien abgleiten zu lassen, sondern ihnen in respektvoller Weise realistische Möglichkeiten mitzuteilen.

Da viele Menschen gewohnt sind, sich durch aggressives Verhalten abzugrenzen (statt solche Situationen als Übungsfelder für Geduld, Gelassenheit und Wohlwollen zu nutzen), unterlassen sie gerne diese Bringschuld an Information und Klarheit, teils, weil sie (und wenn sie aggressive Gefühle verspüren, zu Recht) fürchten, die andere Person zu verletzen, zum Teil auch, weil sie sich nicht festlegen wollen. Sie kennen oft nur die beiden Extrempositionen Kämpfen oder Flüchten bzw. Totstellen.

---

31 B. PERRY/M. SZALAVITZ, s. o., S. 259
32 R. I. SUTTON, „Der Arschloch-Faktor", S. 130

Dabei gibt es viele Optionen dazwischen, man muss nur den Kampf durch Verhandlungen ersetzen, aber dazu braucht es wieder die sozialen Schlüsselqualifikationen der Dialogfähigkeit, Konfliktfähigkeit und Paktfähigkeit[33].

Noch einmal: Sich vertragen heißt, Verträge schließen.

Manche brauchen einen vermittelnden Dritten, um sich vertragen zu können – einen Kommunikationshelfer, der nicht aufgibt, nach weiteren Alternativen zu fragen, wie sich Streitparteien einigen könnten. Aber bei manchen selbstherrlichen Despoten hilft auch Mediation nicht, dass sie auf Machtspiele verzichten. (Und manche MediatorInnen sind selbst Despoten, die ihre eigene Unverträglichkeit auf andere projizieren und sich unbewusst von ihrer Kampfeslust zu befreien suchen, indem sie als BesserwisserInnen dominieren.)

Kämpfen ist nur eine Möglichkeit, Spannungen und Konflikte zu beseitigen. Kampf wird meist als bedrohlich empfunden, oft als unverständlich – je nach eigenen biografischen Erfahrungen (Neurosignaturen). Man kann auch ehrenhaft und sachlich begründet auf Kämpfen verzichten – auch wenn man noch so sehr dazu heraus gefordert wird.

Ich erzähle bei passenden Unterrichtsgelegenheiten gerne ein Beispiel aus der Amtszeit von Bundeskanzler Franz VRANITZKY. Damals hatte die EU wieder einmal die Aufhebung des österreichischen Bankgeheimnisses verlangt, und in der populären Nachrichtensendung Zeit im Bild (ZiB 2) war ein Ausschnitt aus der Pressekonferenz des Bundeskanzlers zu sehen, der sich mit dem Satz „Wir brauchen keine Besserwisser aus Brüssel" vernehmen ließ. Schnitt. Dann der Anchor Man der Sendung, der so früh verstorbene Robert HOCHNER: „Und im Studio begrüße ich jetzt EU-Kommissar Franz FISCHLER: Sie haben die Worte des Bundeskanzlers gehört – was sagen Sie dazu?" Und FISCHLER, ganz ruhig (in etwa): „Auf den Stil mag ich nicht eingehen. Sachlich ist dazu zu sagen ..."

---

33 Vgl. R. A. PERNER, „Frieden auf Rezept"

Gerade in der Medienarbeit wird oft darauf hin gezielt, Empörung, Protest, Racheaktion – also eine sozial inkompetente Reaktion – herauszufordern. So warnt Robert I. SUTTON vor der „emotionalen Ansteckung", denn „Menschen neigen in Gesprächen automatisch und kontinuierlich dazu, Gesichtsausdruck, Stimmlage, Gesten, Bewegungen und instrumentelle Verhaltensweisen anderer nachzuahmen und ihr eigenes Verhalten damit zu synchronisieren."[34] Ich präzisiere einschränkend: sofern sie mit ihrer Aufmerksamkeit auf den Gesprächspartner „eingestellt" und sich dieser Gefahr nicht bewusst sind. Sind sie das im Gegenteil nicht, werden sie entweder in gelassener Distanz zum „Eifer" der anderen verharren oder sich nur verständnislos wundern.

So ging es mir, als ich einmal ein Seminar zum Thema „Sexualität und Aggression" für künftige SozialtherapeutInnen leitete. Eine Teilnehmerin redete mir andauernd dagegen. Ich versuchte sie zu verstehen, was mir nicht gelang, fragte immer wieder nach ihren Gegenargumenten, die nicht kamen, und war zuletzt ganz verzweifelt, daher stöhnte ich, „Ich verstehe nicht, worauf Sie hinaus wollen? Welche Gegenposition nehmen Sie denn ein, dass Sie mir immer widersprechen?" Darauf die Frau, grinsend: „Ja merken Sie denn nicht, dass ich nur mit Ihnen streiten will." Auf diese Idee wäre ich nie von selbst gekommen, obwohl mir aus pseudofeministischer[35] Literatur die Anregung, sich zu Übungszwecken mit so genannten Autoritäten anzulegen, bekannt war. Da ich mich nicht als eine solche verstand

---

34 R. I. SUTTON, s. o., S. 91
35 Ich benütze den Begriff „pseudo", weil nach meinem Verständnis Feminismus einerseits eine politische Zielrichtung ist, nämlich Benachteiligungen von Frauen aufzuzeigen und zu beseitigen, und andererseits eine wissenschaftliche Kategorie, nämlich Nachforschungen anzustellen, wo überall Frauensicht und Frauenerfahrung gelöscht und Frauen diskriminierende Thesen aufgestellt wurden. Alles andere bezeichne ich nicht als feministisch sondern beispielsweise als Anleitung zur Selbstbehauptung und die benötigen auch manche Männer. Das Patriarchat – die Herrschaft der alten Männer – trifft ja nicht nur Frauen, sondern auch Söhne.

(und verstehe), kam ich nach meinem Verständnis als Sparringpartnerin nicht in Frage.

Sozialkompetenz beweist sich auch darin, dass man anderen keinen Stress bereitet. Dazu bedarf es natürlich besonderer Achtsamkeit und oft auch Einfühlung. Daher bedarf es auch eines derart spezifischen „Achtsamkeitsneurons" und einer Neurosignatur, die gleichzeitig Mitgefühl wie auch emotionale Distanzierung vereint (eine Selbstverständlichkeit für gut ausgebildete PsychotherapeutInnen: man fühlt, was der andere fühlt, ist aber gleichzeitig ganz bei sich und verliert sich nicht im Mitfühlen – sonst könnte man ja nicht die Auswege aus dem Gefühlslabyrinth erblicken).

Eine Form von Stressprophylaxe besteht im Ankündigen, damit sich die jeweils anderen darauf einstellen und mitgestalten können. (Betuliches Schonen halte ich dagegen nicht für eine geeignete Gegenmaßnahme, sie infantilisiert die AdressatInnen und stellt künstlich eine beschönigte Hierarchie mittels Rollenzuschreibungen von Retter und Opfer her.) Da hierarchisches Denken von klein auf indoktriniert und immer wieder als einzig richtige Form sozialer Interaktionen bestätigt wird, fehlen den meisten Menschen Vorbilder für partnerschaftliches Teilen und Mitteilen ebenso wie für unauffälliges Vermeiden von Machtspielen. Auch wenn ich Kooperationsbereitschaft hoch wertschätze, sollte sie nicht in bedingungsloser Akzeptanz von dysfunktionalen oder unnötigen Machtstrukturen bestehen.

In einem meiner Universitätslehrgänge kommunizierte die zugeordnete wissenschaftliche Mitarbeiterin mit den von mir engagierten LektorInnen über die Aufteilung der Lehrplanstunden ohne sich mit mir abzustimmen, obwohl dies mit meinen Lehrverpflichtungen abzuklären gewesen wäre. Ich mailte ihr darauf hin, dass ich Wert darauf lege, dass die Endentscheidungen bei mir lägen. Mit diesem Mail wanderte die kurz angestellte Frau zum Leiter des Zentrums, statt bei mir nachzufragen, was ich damit meine, der wiederum mich per Mail grob zurechtwies, „Endentscheidungen" lägen immer noch beim Departmentsleiter, also einem Mann, der auch ihm übergeordnet war. Offensichtlich hatten alle dieses Wort dramatisiert und mir – projektiv! – Machtanmaßung unterstellt – wo es doch nur um die Aufteilung von Unterrichtstagen ging, bei denen ich als Leiterin ja möglichst immer anwesend sein sollte. Erst als ich an Hand von Fachliteratur nachwies, dass die vermutlich gar nicht böswilligen Handlungen der Beteiligten exakt den Definitionen von Mobbing entsprächen und die Frage stellte, ob man mich ausbooten wolle, kam das Einlenken: wie sich herausstellte, hatten alle nur „wie gewohnt" agiert, nämlich nach ihren Vorurteilen und ohne Nachdenken, wie ihre Handlungsweisen bei anderen ankämen.

Wenn man also im Gefolge der Kriterien von Salutogenese verschiedene Handlungsalternativen Revue passieren lässt, empfehle ich, vor allem der jeweiligen Form von Teilen, vor allem Mitteilen[36], besonderes Augenmerk zuzuwenden: Teilen setzt einige Fähigkeiten voraus, die auch die Basis für die meist vermiedenen alternativen Verhaltensoptionen liefern, und zwar die

- Fähigkeit zu vertrauen: von Paul WATZLAWICK stammt die Formulierung, „Immer wenn ich etwas von mir gebe, gebe ich etwas von mir". Etwas von sich hergeben ist immer auch ein Beziehungsangebot (z.B. auch Kampfangebot) und beinhaltet auch das Vertrauen, dass dieses Etwas wertgeschätzt und nicht verstümmelt oder zerstört wird. Damit stellt sich die Herausforderung an Selbstkohärenz als einem „Kern von Selbstachtung, Selbstidentität und Selbstbewahrung, der als unverwechselbarer und unaustauschbarer Bestandteil die eigene Existenz schützt."[37] Vertrauen ist aber nicht nur Selbstvertrauen und damit Vertrauen auf die eigenen Fähigkeiten, die Anforderungen des Lebens bewältigen zu können, sondern auch erster Schritt zur so genannten Entspannungsreaktion[38]: durch die bewusste Wiederholung

---

36 Vgl. R. A. PERNER, „Kultur des Teilens"
37 R. LORENZ, s. o., S. 29
38 H. BENSON, „Heilung durch Glauben", S. 161 ff.

eines Wortes, Lauts, Gebets, Satzes oder einer Körperbewegung[39] eine gewisse Zeit hindurch wird die Aufmerksamkeit von Außen nach Innen verlegt und verlangsamt. Dadurch kann die positive Wirkung der Entspannung die schädlichen Folgen von zu viel Stress balancieren, sodass ein gesundes Gleichgewicht entsteht.[40] Herbert BENSON, Internist an der Harvard Medical School, schreibt: „Wir müssen noch viel darüber lernen, wie sich die langsamen Gehirnwellen, die wir während der Entspannungsreaktion erleben, auf unser Gehirn und unsere Stimmung auswirken. Klar ist aber, dass die höhere Frequenz der Beta-Rhythmen während des größeren Teils unserer im Wachzustand verbrachten Zeit vorherrscht. Die in der Entspannungsreaktion hervorgerufenen langsameren Gehirnwellen gehen häufig mit einem Gefühl der Freude einher. Es scheint einen positiven Einfluss auf unsere Stimmung und Gesundheit zu haben, wenn wir diese anderen Gehirnwellen und -muster regelmäßig aktivieren."[41] Außerdem fördert Entspannung den im Stress verengten Kreativitätsfluss und damit eine Voraussetzung für Entdeckung innovativer Handlungsoptionen. Die bewusste Entscheidung zu vertrauen oder abzuwarten oder, anders formuliert, vorläufig nichts zu tun, kann auch „als Ergebnis einer aktiven Auseinandersetzung des Individuums mit den inneren Bedürfnissen und den äußeren Anforderungen aufgefasst werden"[42] und steht damit im Gegensatz zu passivem Geschehenlassen in der Überflutung von Machtlosigkeitsgefühlen. Sozialkompetenz besteht meiner Ansicht nach allerdings auch darin, den anderen zur Vermeidung von Missinterpretationen die eigenen Positionierungen in geeigneter Form mitzuteilen, damit sie sich dazu selbstbestimmt in

---

39 BENSON nennt neben Yoga, Tai Chi oder Chi Gong auch Stricken und Häkeln (S. 175)
40 H. BENSON, s. o., S. 174
41 H. BENSON, s. o., S. 173
42 R. LORENZ, s. o., S. 31

Bezug setzen können, denn es gilt nicht nur für sich selbst, sondern auch für alle Beziehungen: „Gesundheit wird somit kreiert als autopoietischer, konstruktiver Prozess von Selbst-Organisation und Selbst-Erneuerung."[43]
- Fähigkeit zu trauern: „Trauer ist ein seelischer Prozess, in welchem das Individuum einen Verlust verarbeitet", formuliert Alexander MITSCHERLICH – beispielsweise den Verlust seiner Größenfantasien; eine Störung dieser Trauerarbeit behindert beim einzelnen dessen seelische Entwicklung, seine zwischenmenschlichen Beziehungen und seine spontanen und schöpferischen Fähigkeiten.[44] Trauerarbeit ermöglicht auch Stressverarbeitung: so können mit Tränen Stresshormonausschüttungen ausgeschieden, die andernfalls im Organismus verblieben, und mit Seufzen muskuläre Verspannungen gelöst werden. All dies dient der leibseelischgeistigen Balance – auch der von Größenträumen und Minderwertigkeitsängsten. In diesem Sinn schreibt Hans STROTZKA: „Der Erwerb von Kultur ist außerdem an Trauerarbeit gebunden über den Verlust der fantasierten und gewünschten Allmacht und an das Akzeptieren der Grenzen des Selbst und der Realität." und weist damit auf die befreiende Wirkung des Loslassens von aggressivem Festhalten an Selbsttäuschungen hin. „Gewalt und Wut entspringen demnach der Kränkung wegen der Unerreichbarkeit der für die Kindheit charakteristischen megalomanen Ideale."[45] Sozialkompetenz beinhaltet die seelische Stärke, Wünsche als Wünsche zu erkennen und von Erwartungen zu unterscheiden und die Wahrscheinlichkeit, dass sie unerfüllt bleiben, zu ertragen. Meist sind diese Wünsche von Größen- und Erfolgsfantasien oder Kompensationsbedürfnissen nach schmerzhaften Versagens- oder auch Demütigungserlebnissen gekennzeichnet. In seiner Abhandlung über den

---

43 R. LORENZ, s. o., S. 34
44 A. MITSCHERLICH, „Die Unfähigkeit zu trauern", S. 9
45 H. STROTZKA, s. o., S. 46

Unwillen zu trauern analysiert Alexander MITSCHERLICH die kollektive Flucht der Deutschen nach der Niederlage im Ersten Weltkrieg in die Rassen- und damit Größenideologie des Nationalsozialismus und Verweigerung des Anerkenntnis der darin manifestierten Rachebedürfnisse. (Der Rassebegriff) „meint Leute, die sich auf Grund der Fähigkeiten, die sie sich selbst zuschreiben, prädestiniert halten, über andere zu herrschen."[46] An die Seite dieser noch immer oder schon wieder aktuellen, in Fremden- und Außenseiterfeindlichkeit ausgedrückten und durch nationalistische Politparolen verstärkten Selbstüberschätzung tritt wiederum die Propaganda für fühllose Durchsetzung von Sachzwängen als Legitimation für egozentrisches Verfolgen eigener Aufstiegsgier jenseits aller Voraussicht oder Rücksichtnahme der Folgen für andere. Das Gegenmodell bestünde in der Erkenntnis der eigenen Dominanzbedürfnisse und ihrer Motive, der damit verbundenen Anstrengungen und der synchronen Verluste an Energie, Lebensqualität, Freundschaften und auch Liebesfähigkeit. Bei MITSCHERLICH lauten analoge Überlegungen zu den Mechanismen zur Ausblendung von unerwünschten Beeinträchtigungen des Selbstbilds: „Zu dieser Trennung in genehme und nicht genehme Erinnerung ist ein ganz erheblicher Aufwand an psychischer Energie vonnöten. Was von ihr zur Abwehr im Dienste eines selbst verbraucht wird, das sich von schwersten Gewissensanklagen und Zweifeln an seinem Wert schützen will, fehlt in der Initiative zur Bewältigung der Gegenwart."[47] Wer nur darauf achtet, ja nicht von Trauergefühlen überflutet zu werden, weil er oder sie dies als Schwäche definiert, verzichtet auf den Prozess der Reinigung vom Gift der Selbstüberschätzung und Verachtung anderer.

- Fähigkeit zu lieben: Trauern ist eine Form, sein Herz aus Erstarrung zu lösen, Verlustschmerz zu spüren und damit

---

46 A. MITSCHERLICH, s. o., S. 22
47 A. MITSCHERLICH, s. o., S. 26

zu erkennen, dass man sich emotional an etwas oder jemand gebunden hatte. Trauern können ist daher eine Voraussetzung fürs Liebenkönnen. Man erlernt sie in Beziehung zu Liebesobjekten – egal ob dies eine Person ist, ein Haustier oder der tröstende Teddy, der immer gleich verfügbar ist, wenn andere weggehen. „Aber erst wenn das Individuum aus der Reaktion seines Partners deutlich zu spüren gelernt hat, dass es ohne Rücksicht auf ihn handelte, und wenn die Schuldgefühle es allmählich lehren, rücksichtsvoller zu sein – erst dann kann sich ‚Kultur' entwickeln, kann sich Aggression durch Mischung mit Objektlibido ‚zähmen'", mahnt Alexander MITSCHERLICH[48]. Trauer und Wut sind zwei Möglichkeiten, mit Enttäuschungen fertig zu werden. Trauer öffnet das Herz, Wut verengt es. Wir alle brauchen körperliche und emotionale Signale zur Anregung unseres Wachstums[49] – nicht nur als Babies, sondern immer. Auch wenn Bruce PERRY sich auf Kinder bezieht, wenn er schreibt, „Damals war auch vielen Ärzten noch nicht bewusst, welchen Schaden schon allein Vernachlässigung im Gehirn anrichten kann. Sie gingen davon aus, dass etwas, das auf einem Scan so klar erkennbar ist, Anzeichen eines genetischen Defekts sein oder von Problemen der Mutter während der Schwangerschaft wie einer Vergiftung oder Krankheit herrühren müsse. Sie konnten sich nicht vorstellen, dass allein das frühe Umfeld so tief greifende körperliche Auswirkungen haben konnte."[50], spricht er damit eine Wahrheit an, die für alle Menschen gilt: wir brauchen Strokes – Zuwendungsenergie, Wertschätzung, Austausch mit wohlwollenden Anderen, sonst werden wir „wild". Wer an Strokemangel leidet, wird Wege finden, Aufmerksamkeitsenergie zu erlangen und zwar immer schockierendere im Sinne von „Wenn sie mich schon nicht lieben, dann sollen

---

48 A. MITSCHERLICH, s. o., S. 338
49 B. PERRY/M. SZALAVITZ, s. o., S. 117
50 B. PERRY/M. SZALAVITZ, s. o., S. 166

sie mich hassen". Was Sozialpädagogen, die mit so genannten schwer erziehbaren Jugendlichen arbeiten, wissen, dass nämlich Verbote, Kontrollen und Strafen niemand verbessert, sondern nur Geduld, Vertrauen und verlässliches Dasein auch in schwierigsten Lebenssituationen, bestätigt nur die Erkenntnis, dass es zwar schwer, aber nie zu spät ist, Spiegelneuronen des Respekts, Verständnis und der Unterstützung und Förderung auszulösen und immer wieder zum Feuern zu veranlassen. Herzöffnung bedeutet Entspannung und oft auch Entgrenzung. Sie kann zu „Flow" – nach Mihaly CSIKSZENTMIHALYI „Freude, Kreativität und den Prozess vollständigen Einsseins mit dem Leben"[51] –, nach Frederick MAYER zur „schöpferischen Expansion"[52] – führen, vorausgesetzt man ängstigt sich nicht vor dieser „Kraft und Herrlichkeit", und wird auch nicht von anderen, womöglich nur neidischen, gestoppt. Sozialkompetenz bedeutet, sich betreffen zu lassen. Sich eigenen wie fremden Reaktionen zu stellen ohne „nach oben" oder „nach unten" auszuweichen ohne den anderen Menschen weg zu scheuchen oder zu ignorieren. Berührend zitiert der Grazer Religionsphilosoph Anton GRABNER-HAIDER den französisch-jüdischen Philosophen Emmanuel LEVINAS (1906-1995), wenn er meint, der „offene Blick in das Gesicht eines Mitmenschen relativiere jeden Monopolanspruch des eigenen Ich, denn im Antlitz der anderen Menschen sei ein Stück Unendlichkeit und Transzendenz erkennbar."[53] Wer Augen hat, der sehe. Ich ergänze: Wer ein Herz hat, fühle – nicht nur die eigene Befindlichkeit, das eigene Streben sondern das Verbindende, das ehrliche Mitgefühl, auch wenn es zur Erkenntnis der eigenen Mittelmäßigkeit führt, denn: „Ehrlichkeit ist ein Ideal, zu dem es keine überzeugende Alternative gibt."[54]

---

51 M. CSIKSZENTMIHALYI, „FLOW", S. 11
52 F. MAYER, „Die schöpferische Expansion". In: R. A. PERNER, „Ich will wissen", S. 51
53 A. GRABNER-HAIDER/P. STRASSER, s. o., S. 223
54 A. MITSCHERLICH, s. o., S. 171

Selbstverantwortung

Hans STROTZKA erinnert, dass nach FREUDS Auffassung Kultur als Ergebnis eines Triebverzichts durch Sublimation zu verstehen ist: „Ohne Regelung des sozialen Zusammenlebens wäre dasselbe der Willkür des einzelnen unterworfen, das heißt, die Interessen und Triebregungen des Stärkeren würden entscheiden."[55] Aber während diese „konventionelle Ethik" auf der Stärke einer Mehrheit beruht, die Regeln entwirft und deren Einhaltung kontrolliert, basiert die „postkonventionale Ethik" auf der Selbstbindung des Individuums, das die konkreten Regeln als sinnvoll erkannt hat: so entsteht die Kulturleistung des Verzichts auf asoziale Egozentrik nicht mehr nur als Ergebnis von mehr oder weniger Zwang sondern als salutogene Selbstbestimmung.

„Verantwortung zu haben heißt doch gewöhnlich," meint Alexander MITSCHERLICH, „Menschen, die von einem abhängig sind, zu stützen, zu schätzen oder Vorstellungen verwirklichen zu wollen, die im Augenblick und für das zukünftige Wohl der Gruppe wichtig erscheinen.", und er fügt hinzu: „Dieser Wunsch, dem Schwächeren zu helfen, geht auf positive Identifikation mit den Eltern zurück..."[56] Aber sind auch alle Eltern für positive Identifikation geeignet? Wagt man überhaupt, deren allfällige Inkompetenz wahrzunehmen? Und sich geeignetere Ersatzeltern zu suchen? Oder bleibt man unterwürfig, um nur nicht aufzufallen und Groll auf sich zu ziehen, so wie Robert I. SUTTON bekennt:

> „Dann wieder stelle ich fest, dass ich aus Angst vor einer negativen Reaktion kritische Kommentare unterlasse, obwohl ich überzeugt bin, dass sie der Gruppe helfen würden. Was ich damit sagen will: In jeder neuen Situation und jeder neuen Gruppe müssen wir das schwierige

---

55 H. STROTZKA, s. o., S. 45
56 A. MITSCHERLICH, s. o., S. 320

Kunststück vollbringen, die Balance zwischen konstruktiv genug und kritisch genug zu finden ..."[57]

Wenn man sich der alternativen Verhaltensweisen bewusst ist, stellt sich meist automatisch die Frage: Wer will ich sein? Wie will ich sein? Eng- oder weitherzig? Einseitig oder lateral ausgerichtet? Ichbezogen oder prosozial? Und: glaube ich wirklich, immer nur das eine sein zu können?

Die jeweilige Schattenseite im aktuellen Denken und Fühlen auszublenden, nicht wahrhaben zu wollen, behindert Wahrhaftigkeit, Balance und ganzheitliche Gesundheit. Nur wenn man seine wenig präsentablen Impulse kennt und verständnisvoll als Teil seiner Ganzheit annimmt, kann man sie in Ausgleich bringen. Verdrängtes aber kehrt immer wieder, manchmal schleichend und unbemerkt, oft aber explosiv und zerstörerisch, und oft abgesichert durch die Verantwortung, „Ich konnte nicht anders". Ein unwahrer Satz! Wahr würde er lauten; „Mir ist im Augenblick keine bessere Möglichkeit eingefallen!" Doch – wir können immer auch anders. Nur: wir verdrängen diese Erkenntnis. Dann nämlich müsste man sich dem Lernbedarf stellen.

So schrieb ich einmal jemand, den ich für einen vertrauenswürdigen Menschen halte, als er mir auf eine Terminanfrage antwortete, „Da bin ich nicht frei" zurück, „Das glaube ich dir nicht", worauf er antwortete: „Da kann ich auch nichts machen", worauf ich wieder replizierte: „Doch – du kannst!" worauf er nicht mehr antwortete. Ich schloss daraus, dass dem Manne ein bisschen Nachhilfe in Sozialkompetenz gut täte (was ich aber nicht mehr kommunizierte – da müsste er schon selbst drauf kommen. Ich wollte ihn weder „nerven" noch mich als Besserwisserin aufspielen, denn dann wäre ich in die soziale Inkompetenz eines Machtspieles hineingerutscht wie er). Statt „Da kann ich auch nichts machen" hätte wohl die „wahre" Antwort lauten müssen: entweder „Das ist mir eigentlich egal" oder „Dagegen will ich nichts machen" – oder „Ich kann nicht wegen ..." und die konkrete

---

[57] R. I. SUTTON, s. o., S. 79

Verhinderung angeben. Denn wie Paul WATZLAWICK formuliert: „Immer wenn ich etwas von mir gebe, gebe ich etwas von MIR", bleibt bei einer derart unpräzisen Aussage zu viel Raum für die Fantasien der diese mangelhafte Botschaft empfangenden Person. Soziale Kompetenz besteht daher meiner Definition nach auch darin, an der gegenseitigen Wahrhaftigkeit zu arbeiten: sie ist wesentlicher Teil psychischer Gesundheit aller, die zueinander in Bezug stehen.

Bei Menschen, die sich bemühen, besonders sozial kompetent zu agieren, liegen Desinteresse, Grausamkeit, Despotismus im Schatten. „Selten waren die Menschen grausamer, wie wenn sie das ‚Gute' mit grausamen Mitteln durchsetzen durften.", erinnert der Jungianische Psychoanalytiker Adolphe GUGGENBÜHL-CRAIG,

„Im täglichen Leben ist es meistens doch so, dass wir, wenn wir uns allzu sehr von Machtgelüsten leiten lassen, oft unter einem schlechten Gewissen leiden. Die Schuldgefühle verlieren sich aber völlig aus dem Bewusstsein, wenn unsere Handlungen durch unbewusste Machtgelüste motiviert, in Bewusstsein aber durch das so genannte ‚objektiv Richtige und Gute' begründet werden können."[58]

Niemand kann aus nur lauteren Motiven heraus handeln, weiß der Psychiater und Psychotherapeut, auch die edelsten Taten beruhen auf lauteren und unlauteren, hellen und dunklen Motiven. Besonders deutlich werde dies, wenn sich Ratgeber beklagten, dass sich Unterstützungsbedürftige nicht an ihre Vorschläge hielten. „Man empört sich über dieses Verhalten und bedauert es, nicht mehr Möglichkeiten zu haben, die Ratschläge, die man auf Grund sorgfältiger Untersuchungen gibt, auch durchsetzen zu können.", und er fragt:

---

58 A. GUGGENBÜHL-CRAIG, „Macht als Gefahr beim Helfer", S. 8

„Ist diese Empörung und das Bedauern wirklich der Ausdruck eines sozialen Eros oder nur eines enttäuschten Machtanspruchs? Echter Eros will doch nicht, dass andere sich nach unserem Schema entwickeln, nach unseren Vorstellungen, wie das Leben sein soll."[59]

Das Dilemma, das immer auftaucht, heißt: entscheiden zu müssen, ob man jemand „schont" – kein Feedback gibt, was seine bzw. ihre Handlungen bei einem positiv wie negativ auslösen – oder Rückmeldung gibt und damit Gefahr läuft, in ein Machtspiel von Rechthaberei zu geraten. Sozialkompetent wäre es, nicht bloß im Bemühen um die Absicherung und Festigung der eigenen Position zu verharren, sondern den übergeordneten Sinn zu erkennen und zu verwirklichen – beispielsweise die Herstellung von Salutogenese. Wahrhaftigkeit gehört unabdingbar dazu.

Selbstverantwortung bezieht sich für mich daher nicht nur auf die aus den Optionen gewählte Verhaltensweise sondern auch auf die zu Grunde liegenden Motive – denn eben durch die darin enthaltene Selbsterkenntnis können sich kleinliche Egoismen lösen; man entwickelt sich weiter – eine andere Form von Kohärenz.

Kohärenz bedeutet wörtlich übersetzt Zusammenhang: salutogen ist es, das eigene Leben in seinem gesamten Wechselspiel von Höhen und Tiefen als zusammenhängend zu überblicken und sich nicht im Erleben eines Tiefpunktes zu fixieren – einen solchen aber auch nicht zu verleugnen. Kohärenz heißt für mich aber auch die Zusammenhänge im Wechselspiel der Beziehungen zu anderen zu erkennen und auch die darin enthaltenen Lernchancen. Wir reagieren ja vor allem auf die Menschen, die uns in ihrem Anderssein Entwicklungsmöglichkeiten für unseren eigenen augenblicklichen Zustand bieten.

---

59 A. GUGGENBÜHL-CRAIG, s. o., S. 11

Abschied von der Ich-Sucht

Viele fürchten sich davor, sich weiterzuentwickeln, weil dies ja Veränderung bedeutet – man weiß nie, was dabei heraus kommt. Aus einem selbst nämlich. So sagte mir einmal ein Mann, er wolle deswegen nicht in Therapie gehen, obwohl er wüsste, dass er eine solche dringend benötige, weil er sonst draufkommen könnte, dass er sein Leben total ändern müsste. Vielfach werden Kontrollbedürfnisse dann stärker, wenn Veränderungen anstehen: man kontrolliert sich selbst, damit sich nur ja nichts ändert, bleibt also mit seiner Energie im eigenen Revier; man sucht aber auch die Kontrolle anderer und das ohne irgend etwas von sich selbst hergeben zu müssen. So kann kein Energieaustausch und ebenso keine Erneuerung stattfinden. Damit behindert man aber nicht nur sich selbst und seine Lebendigkeit, sondern auch die anderen.

Leben findet immer im Wechsel zwischen Gegensätzen statt, das sieht man deutlich an den Kurven im EKG oder EEG: die Nulllinie zeigt den Tod – das Verschwinden der Lebendigkeit – an. Auch Beziehungen können tot werden – dann, wenn es „keine Wellen" mehr gibt, keine Konflikte, aber auch keine Balancen. Dann entsteht „psychisches Leichengift".

Sozialkompetenz besteht daher keineswegs (nur) in einer realistischen Zukunftsicht auf vermutliche Reaktionen anderer auf das eigene Verhalten und schon gar nicht in manipulativer Antizipation dieser vermuteten Reaktionen. Das wäre ein Versuch, Leben in Schach zu halten. Dadurch würden beispielsweise andere Menschen zu „toten" Beobachtungsobjekten – zu Normadressaten, Patientengut, Humankapital oder wie die entmenschlichenden Formulierungen noch lauten mögen. Man inszeniert sich selbst in der abgehobenen Position des unbeteiligten distanzierten Beobachters, der gottgleich schaltet und waltet, nur die eigene Lebendigkeit zulässt und nicht merkt, dass man das Leben im Verbundenheit mit anderen vermeidet (selbst wenn man vielleicht „die da unten" oder „da drüben" bedauert).

Sich selbst bewusst als Teil im Feld der Wechselwirkungen wahrnehmen, erkennen und daher Betroffenheit zulassen – das ist die Form von Überblick, die ich für wesentlich halte. Die finde ich in der Formulierung MITSCHERLICHS, wenn er schreibt: „Humanisierung kann in dieser Zeit nur ein vermehrtes Denken über die Welt – unter Einschluss des Denkens über das eigene Selbst – bewirken."[60] Dann nämlich müsste man sich dem täglichen Lernbedarf stellen, für andere salutogen zu sein. Aber das macht auch einen selbst gesünder.

„Ein Mensch, der mehr lieben kann, wird innerlich reicher."
OSHO[61]

---

60 A. MITSCHERLICH, s. o., S. 297
61 OSHO, s. o., S. 208

Literatur

Allen Robert, „Das letzte Wort behalten. Erfolgreich in jedem Streitgespräch". Falken Niedernhausen/Ts. 1999
Andreski Iris/Stanislaw, „Isolation. Die Malaise der Zivilisation". Jugend und Volk Wien 1975
Babiak Paul/Hare Robert D., „Menschenschinder oder Manager". Hanser München 2007
Bartosch Erwin, „Auf dem Weg zu einer neuen Psychoanalyse. Charakterentwicklung und Therapie aus der Sicht der Selbstpsychologie". Verlag Neue Psychoanalyse Wien, Wien 1999
Bauer Joachim, „Das Gedächtnis des Körpers – Wie Beziehungen und Lebensstile unsere Gene steuern". Piper München 2004
Bauer Joachim, „Prinzip Menschlichkeit. Warum wir von Natur aus kooperieren". Hoffmann und Campe Verlag Hamburg 2006
Bauer Joachim, „Warum ich fühle, was du fühlst. Intuitive Kommunikation und das Geheimnis der Spiegelneuronen". Hoffmann und Campe Verlag Hamburg 2005/06
Bauer-Jelinek Christine, „Business Krieger – Überleben in Zeiten der Globalisierung". Österreichische Verlagsgesellschaft Wien 2003
Bauer-Jelinek Christine, „Die geheimen Spielregeln der Macht und die Illusionen der Gutmenschen". Ecowin Salzburg 2007
Bauer-Jelinek Christine, „Die helle und die dunkle Seite der Macht". Edition Va Bene Wien – Klosterneuburg 2000
Benson Herbert, „Heilung durch Glauben. Die Beweise. Selbstheilung in der neuen Medizin". Wilhelm Heyne München 1997
Berckhan Barbara, „Judo mit Worten. Wie Sie gelassen Kontra geben". Kösel München 2008
Berne Eric, „Spiele der Erwachsenen. Psychologie der menschlichen Beziehungen". Rowohlt Reinbek 1967/76
Bettermann Julia, „Falsche Stalking-Opfer? Das Falsche-Opfer-Syndrom in Fällen von Stalking". Verlag für Polizeiwissenschaft Frankfurt/Main 2005
Brandt David, „Ist das alles? Erfolg ist eine Frage der richtigen Erwartungshaltung". mvg-verlag Landsberg 2002
Burgheim Joachim/Friese Hermann, „Sexualdelinquenz und Falschbezichtigung. Eine vergleichende Analyse realer und vorgetäuschter Sexualdelikte". Verlag für Polizeiwissenschaft Frankfurt/Main 2006
Cadura-Saf Dorrit, „Das unsichtbare Geschlecht. Frauen, Wechseljahre und Älterwerden". Rowohlt Reinbek 1986/90
Cicero Antonia/Kuderna Julia, „Clevere Antworten auf dumme Sprüche". Junfermann Paderborn 2001
Cicero Antonia/Kuderna Julia, „Die Kunst der ‚Kampfrhetorik'. Powertalking in Aktion". Junfermann Paderborn 1999/2000

Chodorow Nancy, „Das Erbe der Mütter. Psychoanalyse und Soziologie der Geschlechter". Verlag Frauenoffensive München 1985

Cooper Robert K./Sawaf Ayan, „EQ – Emotionale Intelligenz für Manager". Wilhelm Heyne Verlag München 1997

Csikszentmihalyi Mihaly, „Flow. Das Geheimnis des Glücks". Klett-Cotta Stuttgart 1990/92

Cube Felix von, „Lust an Leistung. Die Naturgesetze der Führung". Piper München 1998

De Becker Gavin, „Mut zur Angst. Wie Intuition uns vor Gewalt schützt". Wolfgang Krüger Verlag Frankfurt/Main 1999

De Saint-Exupéry Antoine, „Der kleine Prinz". Arche Zürich 1983

Devereux Georges, „Angst und Methode in den Verhaltenswissenschaften". Suhrkamp Frankfurt/Main 1984/88

Ende Michael, „MOMO oder Die seltsame Geschichte von den Zeitdieben und von dem Kind, das den Menschen die gestohlene Zeit zurückbrachte". Verlag Gustav Swoboda & Bruder Wien 1973

Englisch Fanita, „Es ging doch gut – was ging denn schief? Beziehungen in Partnerschaft, Familie und Beruf". Chr. Kaiser Verlag München 1982

Ferenczi Sándor, „Sprachverwirrung zwischen dem Erwachsenen und dem Kind. Die Sprache der Zärtlichkeit und der Leidenschaft". In: Ferenczi Sándor, Schriften zur Psychoanalyse Band II. Fischer Frankfurt/Main 1972/82

Földy Reginald/Perner Rotraud, „Die starken Zweiten – Träger des Erfolgs. Motive und Motivation zur Spitzenleistung". Wirtschaftsverlag Langen Müller Herbig München 1992

Freud Sigmund, „Die Traumdeutung", G. B. Fischer, o. A., 1961

Freud Sigmund, „Zur Psychopathologie des Alltagslebens". Fischer Frankfurt/Main 1954

Friedrichs Julia, „Gestatten: Elite – Auf der Spur der Mächtigen von morgen". Hoffmann und Campe Verlag Hamburg 2008

Fromm Erich, „Anatomie der menschlichen Destruktivität". Rowohlt Reinbek 1977/79

Fromm Erich, „Die Furcht vor der Freiheit". Ullstein Frankfurt/Main 1985

Fuchs Anneliese, „Mein Charakter ist nicht mein Schicksal. Grundmuster des Lebens für mich nützen". Böhlau Wien – Köln – Weimar 2007

Gerken Gerd, „Management by Love: Mehr Erfolg durch Menschlichkeit". Econ Düsseldorf – Wien 1993

Gerken Gerd/Luedecke Gunther A., „Die unsichtbare Kraft des Managers. Die Bedeutung des Inner-Managements für den äußeren Erfolg". Econ Düsseldorf 1990

Gigerenzer Gerd, „Bauchentscheidungen. Die Intelligenz des Unbewussten und die Macht der Intuition". Goldmann München 2008

Girtler Roland, „Die feinen Leute. Von der vornehmen Art, durchs Leben zu gehen". Veritas Linz 1989

Goffman Erving, „Interaktionsrituale. Über Verhalten in direkter Kommunikation". Suhrkamp Frankfurt/Main 1971

Gottschalch Wilfried/Neumann-Schönwetter Marina/Soukoup Gunther, „Sozialisationsforschung. Materialien, Probleme, Kritik". Fischer TB Frankfurt/Main 1971

Grabner-Haider Anton/Strasser Peter, „Hitlers mythische Religion. Theologische Denklinien und NS-Ideologie". Böhlau – Wien – Köln – Weimar 2007

Gruen Arno, „Der Wahnsinn der Normalität". dtv München 1989/90

Guggenbühl-Craig Adolphe, „Macht als Gefahr beim Helfer". Karger Basel 1971/83

Haidinger Martin, „Von der Guillotine zur Giftspritze. Die Geschichte der Todesstrafe. Fakten – Fälle – Fehlurteile". Ecowin Verlag Salzburg 2007

Helgesen Sally, „Frauen führen anders. Vorteile eines neuen Führungsstils". Heyne München 1991

Henley Nancy M., „Körperstrategien. Geschlecht, Macht und nonverbale Kommunikation". Fischer TB Frankfurt/Main 1988

Hirigoyen Marie-France, „Die Masken der Niedertracht. Seelische Gewalt im Alltag und wie man sich dagegen wehren kann". dtv München 2002

Horatczuk Michael SJ, „Frontwechsel zum Guten. Die Unterscheidung der Geister". Herold Wien – München 1964

Huemer Peter/Schurz Grete (Hg.), „Unterwerfung. Über den destruktiven Gehorsam". Zsolnay Wien – Darmstadt 1990

Itten Theodor, „Jähzorn. Psychotherapeutische Antworten auf ein unberechenbares Gefühl". Springer Wien – New York 2007

Jonas A. David, „Orientierungshilfen zur Psychotherapie in der Allgemeinpraxis. Archaische Relikte in psychosomatischen Symptomen". Verlag sociomedico Gräfeling 1985

Jonas Hans, „Das Prinzip Verantwortung. Versuch einer Ethik für die technologische Zivilisation". Suhrkamp Frankfurt/Main 1984

Kellner Hedwig, „Konflikte verstehen, verhindern, lösen. Konfliktmanagement für Führungskräfte". Carl Hanser Verlag München – Wien 1999

Kimla Nikolaus, „Die IT-Revolution. 10 Thesen für Ihren Unternehmenserfolg". Molden Verlag Wien 2008

Klein Naomi, „No Logo! Der Kampf der Global Players um Marktmacht. Ein Spiel mit vielen Verlierern und wenigen Gewinnern". Riemann Verlag München 2001

Knigge Adolph Freiherr von, „Über den Umgang mit Menschen. Über Eigennutz und Undank". Anaconda Köln 2005

Kopp Aloisia, „Warum wir an das Schicksal glauben". Böhlau Wien – Köln – Weimar 2008

Kornbichler Thomas, „Die Sucht, ganz oben zu sein. Zur Psychopathologie des Machtstrebens". Fischer TB Frankfurt/Main 1996

Kraus Karl, „Nachts. Aphorismen". dtv München 1968

Küng Hans/Kuschel Karl-Josef, „Erklärung zum Weltethos. Die Deklaration des Parlaments der Weltreligionen". Piper München 1993/96

Labuhn Andju Sara, „Zivilcourage: Inhalte, Determinanten und ein erster empirischer Zugang". Verlag für Polizeiwissenschaft Frankfurt 2004

Laing Ronald D., „Knoten". Rowohlt TB Reinbek 1972/84

Lambrou Ursula, „Helfen oder aufgeben? Ein Ratgeber für Angehörige von Alkoholikern". Rowohlt TB Reinbek 1996

Lasch Christopher, „Das Zeitalter des Narzissmus". Hoffmann und Campe Hamburg 1995

Latour Bernd, „Um keine Antwort verlegen. Wie man Wortgefechte gewinnt". Kreuz Stuttgart 2000

Lay Rupert, „Führen durch das Wort". Wirtschaftsverlag Langen Müller München 1978

Lewis Bertram D., „Das Hochgefühl: Zur Psychoanalyse der gehobenen, hypomanischen und manischen Stimmung". Suhrkamp Frankfurt/Main 1982

Leymann Heinz, „Mobbing. Psychoterror am Arbeitsplatz und wie man sich dagegen wehren kann". Rowohlt Reinbek 1993

Lindemann Hannes, „Überleben im Stress. Autogenes Training. Der Weg zu Entspannung – Gesundheit – Leistungssteigerung". Heyne München 1973/77

Lorenz Rüdiger, „Salutogenese. Grundwissen für Psychologen, Mediziner, Gesundheits- und Pflegewissenschaftler". Ernst Reinhardt München 2004

Maibach Gerda, „Polizisten und Gewalt. Innenansichten aus dem Polizeialltag". Rowohlt Reinbek 1996

Manhart Ulrike, „Höre – rede – siege! Leitfaden für erfolgreiches Verhandeln". Linde Verlag Wien 2005

Maslow Abraham H., „Motivation und Persönlichkeit". Rowohlt Reinbek 1981

Maslow Abraham H., „Psychologie des Seins. Ein Entwurf". Kindler München 1973/81

Mayer Frederick, „Die schöpferische Expansion". In: Rotraud A. Perner (Hg.), „Ich will wissen – Lust und Lernen". Löcker Verlag Wien 1998

Mayer Frederick, „Vorurteil – Geißel der Menschheit". Herder Wien 1975

Metze-Mangold Verena, „Auf Leben und Tod. Die Macht der Gewalt in den Medien". Aufbau Taschenbuch Verlag Berlin 1997

Milgram Stanley, „Das Milgram-Experiment. Zur Gehorsamsbereitschaft gegenüber Autorität". Rowohlt TB Reinbek 1982/85

Miller Alice, „Du sollst nicht merken. Variationen über das Paradies-Thema". Suhrkamp Frankfurt/Main 1981

Mitscherlich Alexander, „Die Unfähigkeit zu trauern. Grundlagen kollektiven Verhaltens". Piper München 1967

Noelle-Neumann Elisabeth, „Öffentliche Meinung. Die Entdeckung der Schweigespirale". Ullstein 1982/1996

Orwell George, „1984". Ullstein Wien 1950

Osho, „Sex – das missverstandene Geschenk. Sexualität, Liebe und höheres Bewusstsein". Goldmann München 2005

Ötsch Walter, „Haider light. Handbuch für Demagogie". Czernin Verlag Wien 2000

Pammer Helga/Huemer Alexandra, „Soziale Kompetenzen für Praktiker. Sich selber kennen – Beziehungen sinnvoll gestalten". Linde Verlag Wien 2004

Perner Rotraud A., "Darüber spricht man nicht – Tabus in der Familie. Das Schweigen durchbrechen". Kösel München 2008

Perner Rotraud A., "Die Wahrheit wird euch frei machen. Sexuelle Gewalt im kirchlichen Bereich ... und anderswo. Prävention – Behandlung – Heilung". Gezeiten Verlag Wien 2006

Perner Rotraud A., "Heute schon geliebt? Sexualität & Salutogenese". Aaptos Verlag Wien – Matzen 2007

Perner Rotraud A., "Kultur des Teilens – Einladung zu einem dialogischen Leben". Ueberreuter Wien 2002

Perner Rotraud A., "Schaff' dir einen Friedensgeist! Gewaltprävention im Alltag". Aaptos Verlag Wien – Matzen 2001

Perner Rotraud A., "Sein wie Gott – Von der Macht der Heiler. Priester – Psychotherapeuten – Politiker". Kösel München 2002

Perner Rotraud A., "Wer den Himmel will, muss fliegen können", Herder Freiburg 2004

Perner Rotraud A., "Wort auf Rezept. Gesundheit kommunizieren. Eine Einführung in Gesprächsmedizin – nicht nur für Gesundheitsberufe". Aaptos Verlag Wien – Matzen 2007

Perry Bruce/Szalavitz Maia, "Der Junge, der wie ein Hund gehalten wurde. Was traumatisierte Kinder uns über Leid, Liebe und Heilung lehren können. Aus der Praxis eines Kinderpsychiaters". Kösel München 2008

Rauchfleisch Udo, "Dissozial. Entwicklung, Struktur und Psychodynamik dissozialer Persönlichkeiten". Vandenhoeck & Ruprecht Göttingen 1981

Ritzer George, "Die McDonaldisierung der Gesellschaft". Fischer Frankfurt/Main 1997/98

Rosenberg Marshall B., "Gewaltfreie Kommunikation – eine Sprache des Lebens". Junfermann Verlag Paderborn 2001

Russell Bertrand, "Moral und Politik". Fischer Frankfurt/Main 1988/92

Rutschky Katharina (Hg.), "Schwarze Pädagogik. Quellen zur Naturgeschichte der bürgerlichen Erziehung". Ullstein Frankfurt/Main – Berlin 1977/97

Salcher Andreas, "Der talentierte Schüler und seine Feinde". Ecowin Salzburg 2008

Satir Virginia, "Selbstwert und Kommunikation. Familientherapie für Berater und zur Selbsthilfe". Pfeiffer München 1975/85

Schiffer Eckhard, "Wie Gesundheit entsteht. Salutogenese: Schatzsuche statt Fehlerfahndung". Beltz TB Weinheim – Basel 2001

Schumpeter Joseph A., "Kapitalismus, Sozialismus und Demokratie". Francke Verlag München 1950

Schurz Grete, "Destruktive Gehorsamsbereitschaft im psychologischen Experiment". In: Huemer Peter/Schurz Grete (Hg.), "Unterwerfung. Über den destruktiven Gehorsam". Zsolnay Wien – Darmstadt 1990

Seidl Conrad/Beutelmeyer Werner, "Die Marke ICH®. So entwickeln Sie Ihre persönliche Erfolgsstrategie" Redline Wirtschaft, Heidelberg 2003/06

Sennett Richard, "Der flexible Mensch. Die Kultur des neuen Kapitalismus". Berlin Verlag Berlin 1998

Singer Kurt, „Kränkung und Kranksein. Psychosomatik als Weg zur Selbstwahrnehmung". Piper München 1988/89

Sohni Hans, „Geschwisterlichkeit. Horizontale Beziehungen in Psychotherapie und Gesellschaft". Vandenhoeck & Ruprecht Göttingen 1999

Speck Ross V./Attneave Carolyn L., „Die Familie im Netz sozialer Beziehungen", Lambertus Freiburg im Breisgau 1976

Spitz René, „Vom Säugling zum Kleinkind. Naturgeschichte der Mutter-Kind-Beziehung im ersten Lebensjahr". Klett-Cotta Stuttgart 1983

Sprenger Reinhard, „Vertrauen führt. Worauf es im Unternehmen wirklich ankommt". Campus Frankfurt/Main 2002

Steiner Claude, „Macht ohne Ausbeutung – Zur Ökologie zwischenmenschlicher Beziehungen". Junfermann Verlag Paderborn 1985/91

Steiner Claude, „Wie man Lebenspläne verändert. Die Arbeit mit Skripts in der Transaktionsanalyse". Junfermann Paderborn 1985

Stewart Ian/Joines Vann, „Die Transaktionsanalyse. Eine neue Einführung in die TA", Herder Freiburg 1990

Strotzka Hans, „Fairness. Verantwortung. Fantasie. Eine psychoanalytische Alltagsethik". Deuticke Wien 1983

Sutton Robert I., „Der Arschloch-Faktor". Hanser München 2007

Tannen Deborah, „Job-Talk. Wie Frauen und Männer am Arbeitsplatz miteinander reden". Ernst Kabel Verlag Hamburg 1995

Thiele Albert, „Argumentieren unter Stress. Wie man unfaire Angriffe erfolgreich abwehrt". dtv München 2007/08

Tieger Paul/Tieger Barbara Barron, „Personality Reading – Menschen und Situationen schnell erkennen und richtig darauf reagieren". mvg-verlag Landsberg 1999

Trömel-Plötz Senta (Hg.), „Gewalt durch Sprache. Die Vergewaltigung von Frauen in Gesprächen". Fischer TB Frankfurt/Main 1984/86

Walter Henry, „Mobbing: Kleinkrieg am Arbeitsplatz. Konflikte erkennen, offenlegen und lösen". Campus Frankfurt/Main 1993

Watzlawick Paul/Beavin Janet H./Jackson Don D., „Menschliche Kommunikation. Formen, Störungen, Paradoxien". Verlag Hans Huber Bern 1969/71

Wilhelm Thomas/Edmüller Andreas, „Manipulationen erkennen und abwehren". Haufe Mediengruppe Freiburg – Berlin – München – Zürich 2005

Wyre Ray/Swift Anthony, „Und bist du nicht willig ... Die Täter". Volksblatt Verlag Köln 1991

Zedtwitz-Arnim Georg-Volkmar Graf, „Tu Gutes und rede darüber". Wilhelm Heyne Verlag München 1981